大人なのに可愛い理由

神崎 恵

KADOKAWA

年を重ねるということは、
なりたい自分に近づくということ。
1日1日感じて、迷って、悩んで、
理想の自分を固めていくプロセス。

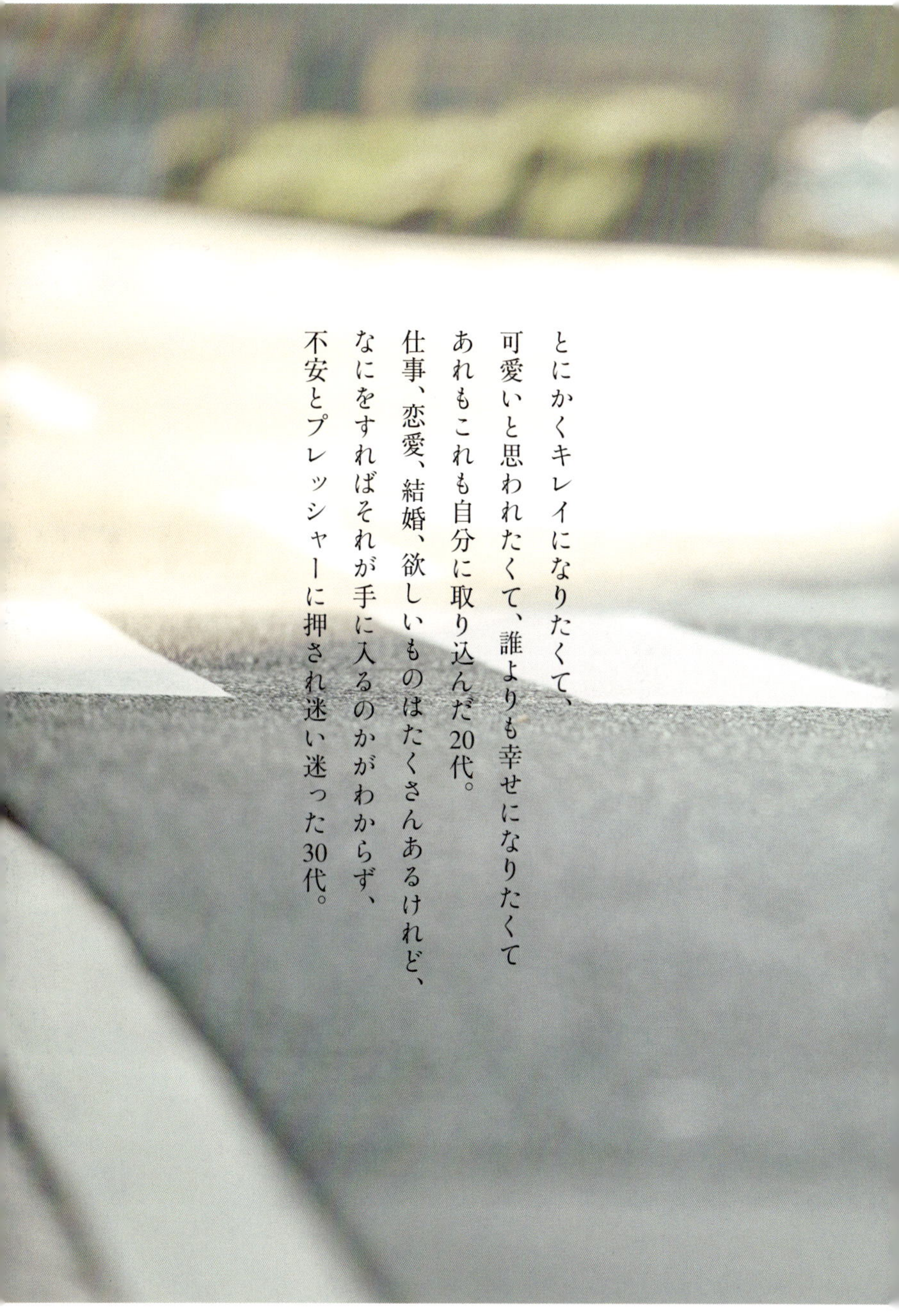

とにかくキレイになりたくて、
可愛いと思われたくて、誰よりも幸せになりたくて
あれもこれも自分に取り込んだ20代。
仕事、恋愛、結婚、欲しいものはたくさんあるけれど、
なにをすればそれが手に入るのかがわからず、
不安とプレッシャーに押され迷い迷った30代。

だんだんと自分が見えてきて「自分」に必要なもの、
不必要なものがわかりはじめ、加えることより削ぎ落とすこと、
「すべて」ではなく「有効なものだけ」をどう選ぶかが
大事だということに気がつく40代。
40年間たって、やっとわかりはじめた「なりたい自分」のつくり方。

理想の自分は生まれ持ったものではなく、
自分で自分を組み立てるという知恵と技にかかってる。
ちょっとした見え方や物や色、
質感がにぎる空気の温度やにおいを読み取り
味方につけることができれば、
ずっとたどり着きたかった「なりたい自分」になれる。

わたしはそれに40年かかってしまったけれど、
10代20代のころにそれに気がつくことができたら、
もっと自分を楽しめたかもしれない。

でも40歳になった今は、
集めてきた知恵や力を使い、
思いきり自分に投資し、
「理想の自分」の精度を上げることができる。
今何歳だなんて関係なし。
女はいつだって、何歳だって
なりたい自分を楽しむことができる。

CONTENTS

VOL 1 Bags and Accessories

VOL 2 Cosmetics and Tools

VOL 3 Skin Care and Makeup

VOL 4 Clothes and Shoes

VOL 5

Home and Interiors

「私」という女をつくる
マストアイテム

ies

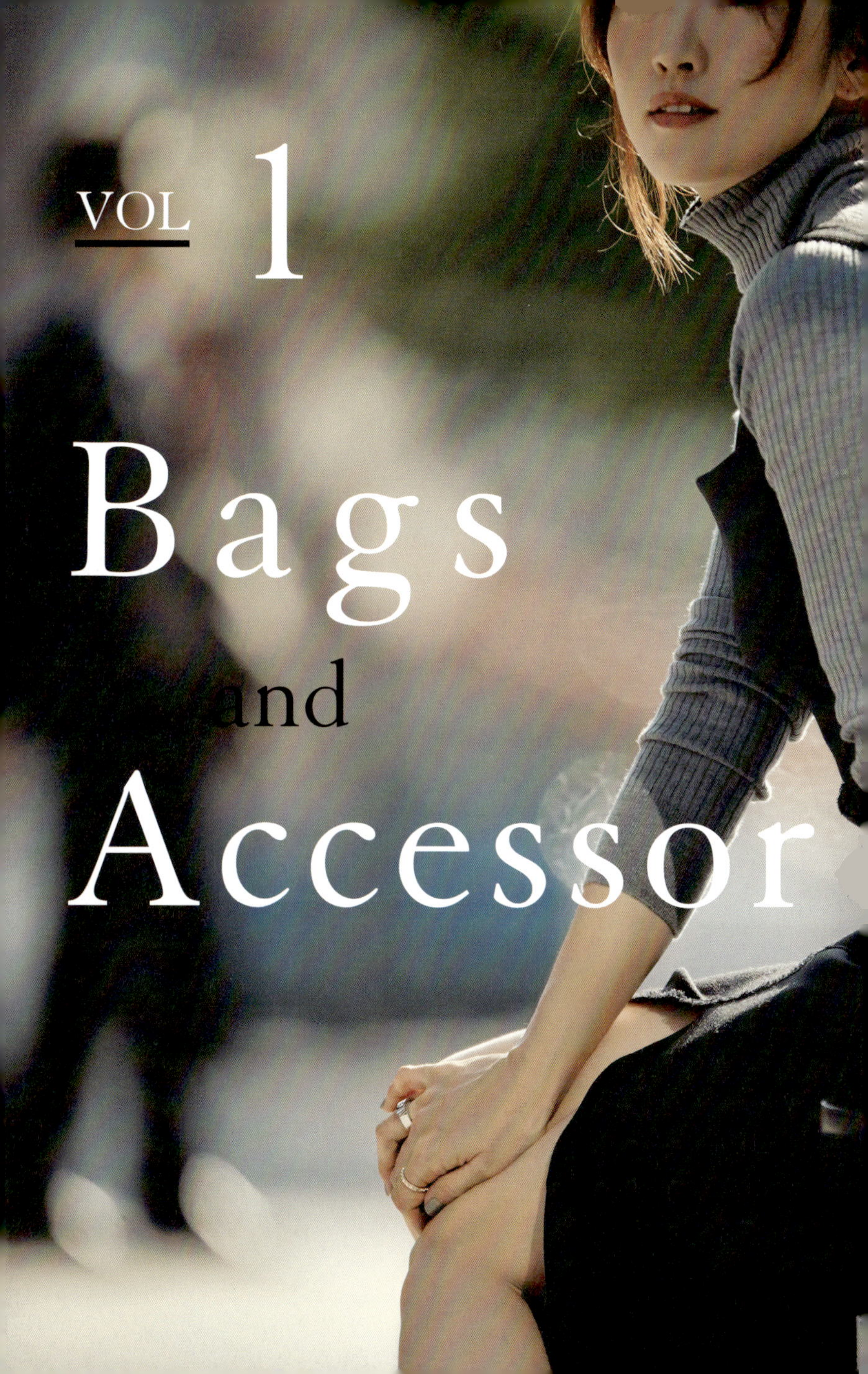
VOL 1
Bags
and
Accessor

身につけるものひとつひとつが「わたし」をつくる重要要素

ペン1本、指輪ひとつに靴一足。そのどれもがわたしをつくり出す大切なものたち。だから、「なんとなく」では選ばない。どんなに小さいものでも、なりたい自分を思い描きながら大切に選ぶ。

つけたいのはブルーとパールとダイヤと星。

MYLAN のストールと SANTI のポーチ。

ひとさじの甘みくらいがちょうどいい。

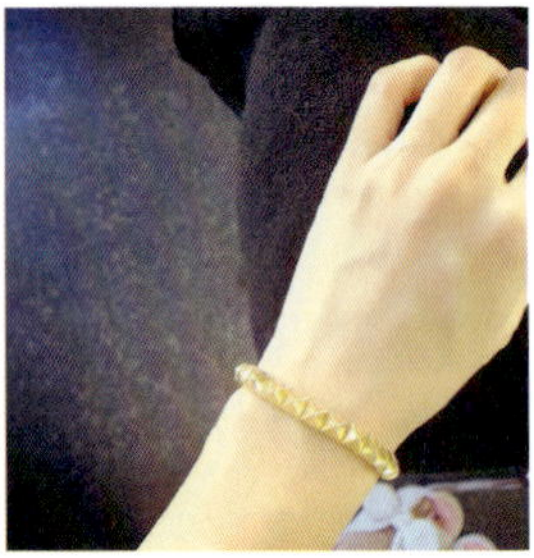

今のわたしにピタリときた、chigo のブレスはお気に入り。

VOL 1 Bags and Accessories

ZARAのバッグは鮮度が高くて可愛い。

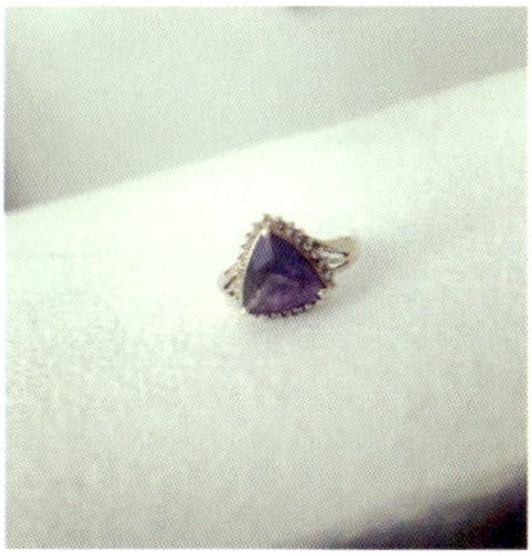

祖母が大切にしていた指輪。小指用に作り直すのが楽しみ。

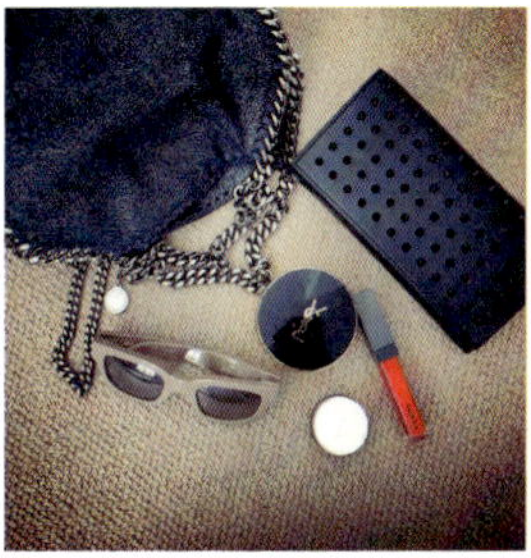

サンローランのお財布はパートナーから。

色の持つ空気を味わいたい。ブルー×ベージュが好き。

ピンクゴールドはわたしの肌に透明感をくれる。

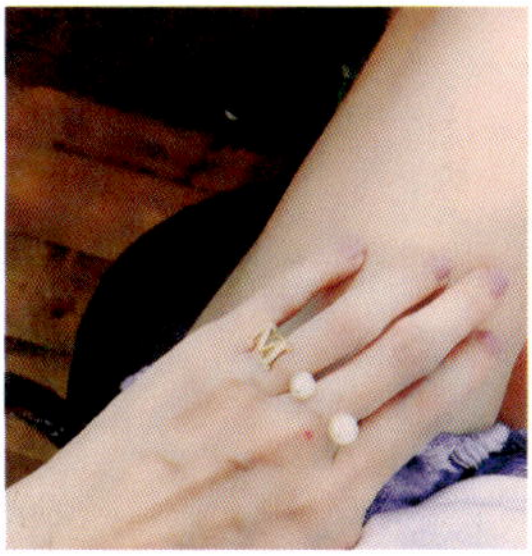

自分をもっと大切にしたいとき、幸せにしたいときにつける「M」。

RULE 1

Bags and Accessories

バッグは女を洗脳する

わたしにとってのバッグは、おしゃれというより、コスプレのようなものと言ったほうが近い。

バッグはメイクと似ている。どれを選ぶかでまったく違う「女」に仕上がるから。

わたしの友人に「バッグマニア」がいる。会うたびにバッグが違う。憧れるようなブランドものから、ビンテージショップで見つけたという一点ものまでいろいろ。

服はさほど変わらないのに、彼女の空気はいつも新鮮。

たぶんそれは違うバッグを持つことで、まるで違う女になるから。持ち物の中でも大きな面積をしめるので、見た目の印象はもちろん、どれを持つかによって所作や言動までが変わってくる。例えばバックパックを持つ日は自然とヘルシーな感情や身のこなしになるし、チェーンバッグならちょっぴりつんとしたいい女の所作になる。

バッグは女を洗脳する威力を持つ。

そんな鮮度を保つ方法を彼女に教わってからは、わたしの中でバッグはコスプレ。今日一日、どんな女で過ごそうかと思い描きながらメイクを変えるように、選ぶようにしている。

1 フォルムトートで「賢い女」

打ち合わせなどのビジネスシーンでは、A4サイズの書類がすっぽり入るバッグが必需品。カチッとしたフォルムながら、女性らしい柔らかさを合わせ持つCÉLINEのラゲージはボルドーをチョイスすることで、ただ賢いだけではない、毒も見え隠れする女を演出可能。

Choice Point

- 適度なトレンド感
- ビジネス対応のA4サイズ
- カチッとしていても色っぽい素材と色み

Choice Point

- 肩に掛けて颯爽と歩ける
- クラッチにもなるサイズ感
- アクセサリー感覚で持てる

小振りのチェーンバッグは持つだけでアクセサリーのような華やかさと余裕を感じさせてくれる。Chloéのバッグは、肩に掛けて歩けることでひとつひとつの仕草が素直に自由になること、クラッチとして持ち方を変えることで違う女にもなれる。

2 チェーンバッグで「自由を楽しむ女」

3

スタッズクラッチで「まろやかな毒のある女」

昔からスタッズモチーフに目がない。VALENTINOのクラッチは、ミルクティー色のスタッズの上品さにグッときた。一見すると淑女なのに、よく見ると毒がある裏腹系のクラッチは、面白みのある女になれる。

Choice Point

- 優等生なフォルム
- なめらかな触り心地
- レディで色っぽい色

4 カラーバッグで「思い出される女」

大好きなグリーンは難しい色ではあるけれど、この色を持つことで周りの人に自分を思い出させる力を持つ。色は相手の気持ちに直接響くから、例えばグリーンはこなれ感、ネイビーは聡明さ、ピンクは甘さを印象づけたいときに。

Choice Point

- 自分を印象づける色
- なりたい自分をイメージ
- 一見難しい色は効果大

RULE 2 Bags and Accessories

小さなバッグがつくる無条件の女らしさ

クラッチやショルダー、小さめのバッグを持ったときに出る「余裕のある女」の空気。小さなバッグが叶える美しい全身バランスと、余計なものは一切持たないという自信と潔さがその空気を生む。

それを知るまでは、そんな空気をまとう女性を見るたびに、あの小洒落た雰囲気はどうやってつくるのだろうと思っていたけれど、ひもといてみれば単純明快。

持つもののサイズやカタチで「女の雰囲気」は出来上がっている。

大きなバッグを持つと、とたんにぴかぴかの小学1年生のランドセル姿のようになってしまう小柄なわたしは、とくにこの小さなバッグには助けられている。

バッグを購入するときには、必ず全身鏡の前で360度確認する。バッグに「持たれて」いないか。バランスはどうか。素材の空気感や、カタチが放つかたさややわらかさが自分の空気とうまくなじむかどうか。吟味してすべてをクリアするものだけを選ぶ。

仕事以外では小さめのバッグを持つことがほとんど。子どもたちや、彼との外出には斜めがけや肩かけ、腕にするんとかけられるものが活躍。両手の可動範囲が広がるし、手をつなぐことも、腕をくるんとからませることもスマートに可愛くできるところが嬉しい。仕草を邪魔しないことも、女を可愛く見せる小さめバッグの魅力。

RULE 3
Bags and Accessories

バッグの中身が〝私〟を物語る

VOL 1 Bags and Accessories

雑誌でよく見かける「バッグとバッグの中身特集」。

わたしもよくお声がけをいただくけれど、これが読者にとても人気の高い特集だと聞く。

なぜひとのバッグの中に興味があるのか。たぶん、バッグの中には「そのひと」がありありと浮き出るから。本来見せることのない「中身」にこそ本音が出る。そこにそのひとをつくる秘密があると感じるからかもしれない。

いつだったか編集さんに「神崎さんのバッグの中は、色がキレイですね」と言われたことがある。もともと仕事には、ばさっと物を入れることができて、なにがどこに入っているのか一目瞭然なものを持つことが多く、わかりやすいように色がある小物を選ぶことが多いせいかもしれない。

そして取り出すときにがちゃがちゃとしなくていいよう、まるでパズルかテトリスのように組み入れるのがルール。バッグの中が整頓してあると、部屋が美しいときと同じような清々しさと軽やかさが心に宿る。

特に仕事の場面ではしなやかな気持ちで進みたいと思っているので、まずはバッグの中からすっきりしなやかに。仕事を上手くいかせるための、わたしの決め事。

バッグの中身はパズルを組み合わせるように

打ち合わせの日のバッグの中身

1　Wildflowerのスマホケース
スタッズ×チェックがツボ。ちょっぴり毒ロックなところがわたしらしい。

2　HERMÈSのコインケース
大きくひらくコインケースは、仕草をスマートにしてくれる。

3　DELFONICS「キトリ」のペンケース
気分によって色を変えるペンケース。他にもラベンダー、ピンク、グリーン、イエローを揃えている。

4　Mason Pearsonのヘアブラシ
ブラッシングすることで肌に透明感、目はうるうるに。白髪も少なくなるという名品。

5　Jill Stuartの手鏡
顔全体がうつる鏡は顔のバランスを整えるために絶対必要。女心にきゅんとくる鏡のルックスも必須。

6　BALSダブルティーのポーチ
長めペンシルまでするっと入るのにスマート。ビーズがぎゅっとつまったビジュアル系ポーチ。

7　HERMÈSの長財布
カードやお札をたくさん入れてもおデブにならない、完璧にエレガントな逸品。

8　DELFONICSの手帳
1日1ページのまるで日記の手帳。スケジュールはもちろん、思い浮かんだ言葉も書き残している。

9　JIMMY CHOOのキーケース
なんともいえないグレージュとゴールドの組み合わせが最強に好み。

10　Macのパソコン
相棒2号。PCは2台を使い分け。Macの潔いシンプルさが好き。

VOL 1 Bags and Accessories

RULE 4

Bags and Accessories

お財布にまつわる
すべてをエレガントに

日常の中で、スマートでいたいと意識していることのひとつがお財布のあれこれ。例えば毎日スーパーに買い物にいくときにレジで感じるのは、お金の払い方に美しい、美しくない、があること。

食事のあとの会計でもそう。「お金を払う」行為は「食べる」行為と同じように品の有無が浮き彫りになる。生活感もありありとにじみ出てしまう行為だからこそ、スマートに美しくありたいと思う。

いろいろと試していきついたポイントは、まず長財布であること。開いた瞬間からどこになにが入っているのかがわかり、お札やカードもスマートに取り出すことができる。

千円札、5千円札、1万円札と分けて入れることができると、なお美しい。

お財布の中をがさがさとするのは、どんな美人もとたんにがさつな女に見えるので要注意。コインもじゃりじゃりと指で探さなくていいように、分けて入れることができるものか、ばさっと大きく開くコインケースを選ぶようにしている。

そして、バッグからお財布を出すタイミングや出し方もエレガントでいたい。

財布に出る女の品格

バッグの大きさに合わせて変えたいお財布は、使い方にその人の品が出る。生活感が出るお財布こそ、厚み、取り扱い方、支払い方に気を遣うべき。

大切に愛用している財布たち

4 HERMÈSの財布
同じカタチでも皮の質感でまったく違う表情。使うほどに自分になじんでくれるのがまた愛おしい。

5 See By Chloéの財布
ベージュ×黒。ほのかな甘みと辛みの組み合わせが私らしい。

1 VALENTINOの財布
小さめバッグのときに。ゴールドの上品なスタッズに一目惚れ。

2 Charlotte Olympiaの財布
大人の遊びといえばこのブランド。やんちゃだけどスマートなバランスに脱帽。

3 HERMÈSの財布
気分を変えたいときには色の力を借りる。金具はゴールド派。

RULE 5

Bags and Accessories

iPhoneケースの変化球

直球より変化球の、ギャップと遊びのある女でいたい。

友人に長身、美形の完璧に美しいひとがいる。身のこなしもスマートでいわゆる高嶺の花的女。なのに彼女はその印象を裏切るものを必ず持っている。例えばポーチのチャックのところに、県のゆるキャラストラップがついていたりという具合。

これが、もうきゅんとくる。「そんな容姿でこれつける!?」というギャップが、彼女の美しさをより美しく、そして内面の愛らしさをより鮮明にこちらの心に焼きつける。

女なら、そんな「!?」を持っていたい。

わたしがよく「!?」と言われるもののひとつが携帯ケース。

ゆるんふわんとした印象を持たれることが多いけれど、実は中身はかなりのロック。辛いものや毒のあるものが大好き。そして直球の可愛さより、変な愛嬌のあるものが好き。

そのギャップを楽しむため、そして本来の自分も楽しむために、目に触れることの多い携帯ケースには、そのテンションをそのまま。

予想通りな女より、意表をつく変化球を投げることができる女でいたい。

タクシーを除く
北

VOL 1 Bags and Accessories

なにげない瞬間でも
自分を特別だと思える色

顔は見えなくても
「あの人は美人」
と思わせる

ふとした仕草も
なぜか目が離せない
そんな女をつくるのは
たったひとつの物や色

RULE 6

Bags and Accessories

美人に見せるポーチがある

ポーチは、持つ姿もメイク直しをしている姿もキレイに見せてくれるもの、と決めている。

ずっと不思議だったのは、なぜかポーチはひとには見せてはいけない裏方的存在で、こっそり持ち運びしなければいけない雰囲気を持つものだということ。

このことにずっと違和感を感じていた。女をキレイにしてくれるものがつまったポーチ。なのにそれがなぜか、後ろめたい空気を持っていること。

キレイをつくってくれるものは堂々と美しくあるべき。ドレッサーも、洗面台も、バスルームもアイシャドウパレットもスポンジも、すべてそう。

持ったときも、パウダールームに立つときも、バッグの中に収まっている姿も美しいポーチ。それを探してたどり着いたのは、クラッチバッグ。

もともと表舞台で使うように生まれて来ているクラッチは、文句なしにフォトジェニック。そして大きく開くがま口はガサゴソと欲しいアイテムを探さなくていい。アイテムを出す瞬間も持ち運ぶ瞬間ももれなく可愛い。

うっとりするようなクラッチをポーチとして使う。自分を美しくしてくれるものに敬意の気持ちと愛を込めて。

私に魔法をかけるポーチ

面白いほどその日のテンションを変えてくれるポーチは、なんでもない毎日を楽しくしてくれる、かわいい魔法。

ポーチ／SANTI (LOVE WEDDING by DRESS HOLIC)

VOL 1 Bags and Accessories

「まろやかな色気のある女」になるなら

無垢な中にも、大人の色気を出せるのはパール。

「遊びのある女」になるなら

色遊びを堪能できるポーチで面白みのある女になる。／SERPUI（ティースクエアプレスルーム）

「コンサバティブな女」になるなら

3歩下がって歩くような、男を立てる女になるなら控えめ清楚な柄×白。／SANTI（LOVE WEDDING by DRESS HOLIC）

「高濃度の色気を持つ女」になるなら

品と毒を足すと色気になる。簡単にはいかない女が持つポーチ。

RULE

7

Bags and Accessories

薬指の色気

VOL 1 Bags and Accessories

幼いころ、母の薬指でキラキラするダイヤのリングを眺めるのが好きだった。わたしが初めて目にした愛のカタチ。お祭りの出店で買ってもらうプラスチックの指輪をつけては、自分の手にうっとりしていた。

指輪には女心を最高に高揚させる力がある。いつか大きくなって、大好きなひとに指輪をもらう自分を夢見ていた。

ボーイフレンドから初めて指輪をもらった13歳。あれからいくつの恋をして、いくつのカタチをこの指に重ねてきただろう。

いろんな思いをしみこませた薬指はいつだって特別な女の聖域。そんな女の聖域にそっとはめられている指輪を見るのが好き。

仕事でご一緒する女性の手をついつい見ては、この方のパートナーはどんなひとなのだろう、そしてこの女性の恋はどんな温度をしているのだろうと思い描いている。

指輪は本当に大切なものだけを、シンプルに薬指につける。これがいちばん女を女に、色っぽく見せるつけ方。

そして自分を主張したいときには、人差し指に自分らしいものをつける。

人差し指は自分らしさ、薬指は恋の気配をにじませる。

RULE

8

Bags and Accessories

お守りアクセがくれる〝私は私〟という自信

VOL 1 Bags and Accessories

女は、強さと弱さを兼ね備えてしまっている生き物。

強いときはびくともしない強さを発揮するけれど、ちょっと揺らぐととたんにぐらぐらとしはじめる。

今まで、何度折れて何度立ち直ってきただろう。

そして、たぶんこれからも。何度、だれかと自分を比べ、自分というものに失望していくのだろう？　流されて、落ち込んで、揺らいで、折れて。

そんな自分のブレをそっと助けてくれるのが、心に決めたお守りのようなアクセ。ときには最愛の彼から贈られたネックレスであり、ときには自分で見初めたリングだったりもする。

それをつけているという安心感。不安になったとき、流されてしまいそうなとき、ぶれてしまいそうなとき、そっと触れたり目にしたりする。それだけでくもった気持ちが澄んでいき、波のようなざわざわが穏やかになる。

「私は私でいいんだ」と再確認させてくれるアクセサリーは、わたしがつねにつけているお守りのひとつ。毎年、年のはじめに感覚にピンとくるものを選ぶ。恋に落ちるときのような、特別な熱を感じるものを選ぶのが決まり。

わたしに自信をくれる
歴代のお守りアクセたち

1
2015 年
vieanu. のネックレス
わたしがわたしになれる色。ぶれそうになったときはターコイズをつける。

2
2014 年
20 年前に購入したターコイズ
長くしまってあったものを、ふとつけてみたら、今の自分にしっくりきた不思議なネックレス。

3
2013 年
MARJORAM のネックレス
ジェリービーンズのように美味しそうな天然石もわたしの定番のひとつ。

4
2015 年
TASAKI の星形ダイヤネックレス
パールを見に行ったのに、ピンときて購入。星や月のモチーフが好き。

5
2014 年
Enasoluna のダイヤネックレス
肌に溶け込む一粒ダイヤは、飾らない色気をつくってくれる。

6
2015 年
MARJORAM のリング
記憶にしみ込むカルセドニーピンク。離れたときもわたしを思い出させる色。

恋に落ちた
アクセだけ

RULE

9

Bags and Accessories

デコルテネックレスで自分オーラをつくり上げる

顔の近くに存在するデコルテは自分のオーラをつくるパーツ。

そこにまとうものはそのまま自分の空気感をつくる要素になる。

だからネックレスは、どんな世界観をつくりたいか、どんなメッセージを込めたいかを思い描きながら、色やモチーフに自分らしさを重ねて選ぶようにしている。

今までいろいろなメッセージを、自分へもひとへも、このデコルテから送ってきた。


とにかく自分への自信が欲しかったときはmegumiのネームネックレス。

「いつも大好きだよ」の気持ちをこめて、パートナーのイニシャル。

もっとまろみのある女になりたい、そんなときに選んだのはパール。

わたしをもっとわたしにしたい、と願ったときにはターコイズのブルー。

そして今つけているのは、ぷちっと小さな、肌に溶け込むようなダイヤ。

余計なものを削ぎ落として、シンプルな自分になりたい。

そんな思いをダイヤにそっと重ねて。

肌が美しく見える繊細なものを選ぶのも大切にしていることのひとつ。

わたしに自信と
美しさをくれるもの

NECKLACE

離れていても思い出させる
女になるネックレス

**1 透明感のある
自分カラーのネックレス**
自分のカラーのひとつであるブルー×透明感のある天然石という組み合わせが好き。／チビ・ジュエルズ（ズットホリック）

**2 小さくても存在感のある
ひねりのあるデザイン**
キャンディーみたいな天然石の透明感を辛さで囲んだ、裏腹感が面白い。／アチエ（アチエ・デ・コンプレックスビズ表参道店）

**3 真逆のモチーフで
甘さと辛さのミックス**
ハートの甘さと、クロスの辛さのバランスが絶妙。こういう意外性が好き。／アーカー（アーカー 神南本店）

6 **繊細さと力強さで記憶に残る女に**

心に引っかかりたいなら、めずらしいモチーフを選んで。／アチエ(アチエ・デ・コンプレックスビズ表参道店)

5 **遊び心と自己主張をこめて**

可愛い顔をして実はRock、みたいなのが好き。／e.m.（e.m. 表参道店）

4 **可憐でもひんやりした女**

印象温度をあやつるモチーフが面白い。／アチエ（アチエ・デ・コンプレックスビズ表参道店）

9 **星×自分の色の組み合わせ**

つけているだけで心が落ちつく、自分らしい色やモチーフのネックレスは最強。／アチエ（アチエ・デ・コンプレックスビズ表参道店）

8 **自分らしいパールを厳選**

自分を自分以上の女に見せてくれるのがパール。ピンとくるパールを一粒。／アーカー（アーカー 神南本店）

7 **一粒ダイヤこそ直感で選ぶ**

一粒ダイヤは小さくてもつい見入ってしまう吸引力がある。自分らしい一粒と出会いたい。／アチエ(アチエ・デ・コンプレックスビズ表参道店)

RULE 10

Bags and Accessories

自分を楽しむ主役ピアス

VOL 1 Bags and Accessories

わたしにとって、ピアスは2種類。

まずひとつめは、美味しそうな天然石がぎゅぎゅっと集まったもの、こぼれそうに大きなパールやドロップのようにころんと大きな天然石やクリスタルがキラキラするもの、首筋に添うほど長く大きく揺れるもの。

男性ウケもパートナーの好みも一切関係なく、シンプルに自分を楽しみたい、自分の世界を満喫したい、そんなときに選ぶのは、それだけでドレス級の存在感を放つピアス。

パールはプレーンなものはもちろん、スタッズや星、月のように尖ったものと合わせてデザインされているものが好み。まろやかで清楚なパールと毒が交わったときのあの独特のムードの虜。わざとレディな衣装と合わせるのが自分らしいつけ方。

ジェリーやドロップのようにきゅんとさせる色鮮やかな天然石ピアスは、Velnicaや MYLAN のように美しい色を持つドレスに合わせることが多い。色と色が生む世界観が、自分をいつも以上の女に思わせてくれる。

透明な光を集めるクリスタルは、白い服に合わせる。色のない世界だけが持つ上質な存在感を魅せつけてくれる組み合わせ。

VOL 1 Bags and Accessories

RULE

11

Bags and Accessories

私を女にするピアス

もうひとつは、パートナーや恋のためにつけるピアス。

男性は、もともと大きめモチーフやビジューより、シンプルで華奢なものが好き。ときには、そんな男目線によせたピアスをつけて、パートナーの好みの女になるのも楽しい。

媚びてまとうのではなく、大切なひとを心地よくエスコートする感覚。自分が彼好みになることで彼は男になってくれる。彼が男になることで、自分は素直に可愛い女になることができる。男目線のピアスは、自分が女になれるピアス。

つけることが多いのは、パール、ダイヤ、ターコイズのノーブルな一粒ピアス。どれも大きすぎず小さすぎず、放つ光と知的さのバランスのいい、5ミリ以下のサイズのもの。

そして繊細に揺れる華奢ピアス。主張しすぎないゆるんと控えめな揺れが男の本能をつっつく。溶け込むように繊細なチェーンがさらんと揺れる瞬間、小さな石やパールがゆらんゆらんとする瞬間の色気。

愛でられる女の自信は、最強のつやっぽさを生んでくれる。

ふたつの〝華奢ピアス〟を使い分ける

一粒ピアスでつくる まろみのある女

一粒ピアスの中でも、まろみのある女になれるのはやはりパール。本物のパールの持つ艶や光は、わたしを透明感のある上質な女にしてくれる。

ピアス／フルオブグレイス（ズットホリック）

揺れるピアスで本能をくすぐる女

あやうげな女らしさが欲しいときには揺れるピアス。耳元、デコルテ、首筋など、女性らしさが際立つパーツに視線を集めて、揺れるものに思わず目がいく男の本能を呼び覚まして。

ピアス ／ アチエ（アチエ・デ・コンプレックスビズ表参道店）

PIERCED EARRINGS

男心をエスコートする
ピアスたち

可憐さ、知的さ、色っぽさ、女っぷりを引き上げるすべてを網羅するピアス。選びたいのはさりげなさと繊細さ、そして透明感を持つピアスだけ。

1 さりげなく揺れるデザインは繊細な印象に

耳元で可愛らしく揺れるピアスは、繊細で可憐なイメージになる。／アチエ（アチエ・デ・コンプレックスビズ表参道店）

2 控えめなのに華のある女に

クリアな天然石とお花モチーフの組み合わせは、「そばにいたい」と思われる女に。／Dress up everyday（Dress up everyday e.m. 渋谷店）

3 ほほえむように揺れるピアス

耳元で清楚に揺れる小粒のパールピアスは、王道の女らしさ。／アーカー（アーカー 神南本店）

4 しなやかな女っぷりを強調するピアス

動くたびにしゃらんと揺れるチャームが、華奢な雰囲気を醸し出す。／シャフカ（アチエ・デ・コンプレックスビズ表参道店）

5 ときにはピリッと辛いモチーフで意外性を

華奢だけど辛口なデザインも、意外な一面を印象づけることができる。／アチエ（アチエ・デ・コンプレックスビズ表参道店）

6 品のある色気ならひと粒ピアス

上品な女らしさを出したいなら、一粒パール。そこにひとさじの自分らしさを。／アーカー（アーカー神南本店）

7 肌にとけこむダイヤピアス

耳元で繊細に光るダイヤの一粒ピアスは、永遠の美しさ。／アーカー（アーカー 神南本店）

8 クリアで可憐な印象で男心を翻弄する

思わず目で追ってしまいそうな、透明感のある可憐な天然石の揺れピアス。／チビ・ジュエルズ（ズットホリック）

9 小顔効果もある華奢フープピアス

イイ女に見せる極シンプルなフープピアス。／フルオブグレイス（ズットホリック）

1
9
8
7
2
6
3
4
5

RULE 12

Bags and Accessories

手首は名刺

手首は名刺のようなもの。

カラダの中で顔のように視界に入り、いろいろなことを表現する手は、暗黙に、でも鮮明に印象を振りまくパーツ。

それを上手に利用し、自分の空気を自由自在に操っていきたい。

「わたしはこういう女です」という思いをのせるように手首を仕上げることが多い。

まわりへの静かな主張であり、ときにはそれを目にする自分への主張でもある。

例えば、「わたしは自由な女」というときには、気の向くまま、感覚をフル稼動でピンときたものを重ねる。

「わたしは可憐な女」と思いたいときには、切れそうなほど繊細なブレスレットをつける。

「わたしは実は辛い女」と気がついてほしいときには、ピリッと尖ったものをさらりと装着。

「わたしは守られている女」と感じたいときにはパートナーのぶかぶかの時計を。

手首は女の顔。忘れずに大切に楽しみたい。

今日の私はどんな女?

自分らしさを堪能する手首

ブレスレット／スタイリスト私物

気分に任せてつけたいものをつけまくる。私は私。私を楽しんでなにが悪い。私ってこんなに楽しい。そんな潔く女っぷりのいい女になるのは、主張を感じるブレスレット。

女の特権を魅せつける手首

ブレスレット／アーカー（アーカー 神南本店）

女だけがもてるまろやかさや儚さ。ときにはそれを思いきり謳歌する。触れるのが怖いくらい華奢で、肌にとけ込むような繊細さを持つブレスレットは、ハマったらやばいと思わせるくらいの色気を生む。

本能に響く女になる

CS

VOL 2 Cosmeti and Tools

自分を美しくしてくれるものと出会う
行動力と探究心を楽しむ

自分に線引きをしないこと。好きなものはもちろん、新しい色やものにも常に挑戦。「キレイになりたい」気持ちを目一杯楽しむのがルール。

濡れたように艶めくまぶた。ドキドキするくらい理想的。

バストケア。再活動中。女としての自信をなくしたときには、バストケアに心をこめる。

ナチュラルグラッセのグロスは、うぶで可愛い女になれる色と質感。

サンローランのグロス。ピュアなのに色っぽい、ズルい唇に♥

VOL 2 Cosmetics and Tools

お気に入りの NAILSINC。つける前からときめく、恋のようなポリッシュ。

短い爪に、濃い色を添えるのが好き。

ときにはピンクで甘々な自分も楽しむ。

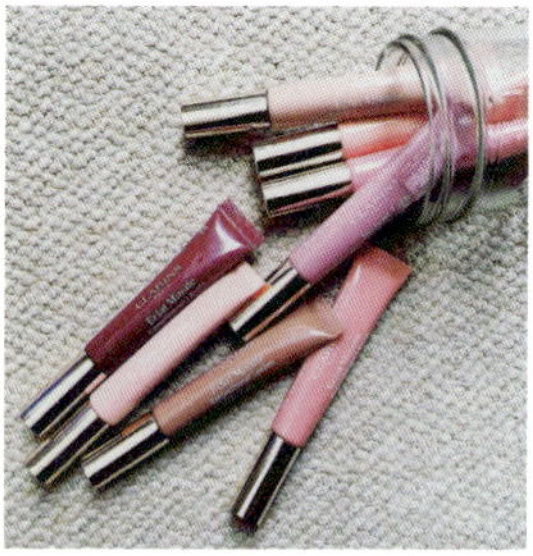

お気に入りは全色買い。潤う女にしてくれるクラランスのリップ。

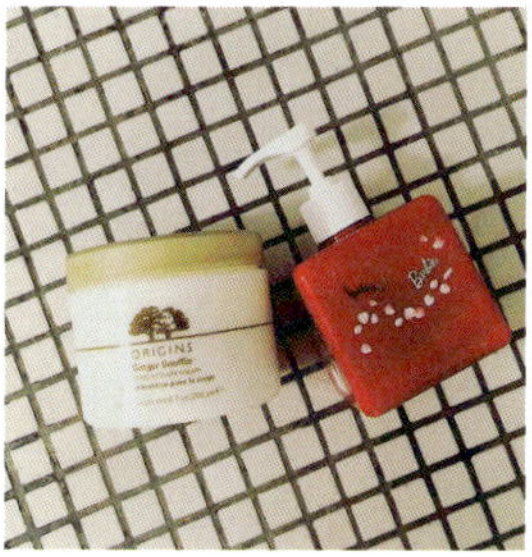

ORIGINS と HACCI のボディクリーム。この香りが好きすぎる。

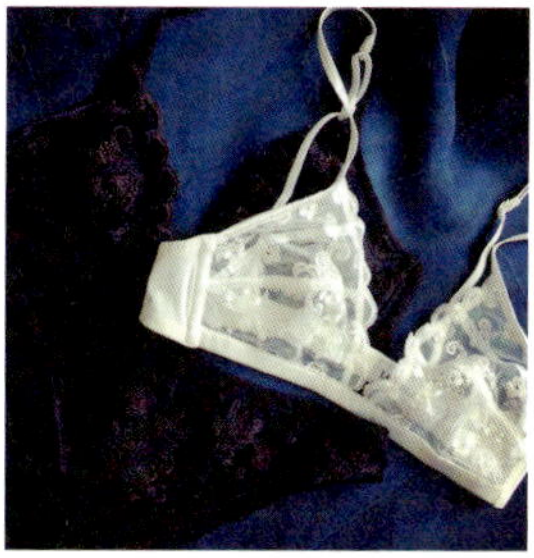

ラペルラのノンワイヤーは、やさしく美しく色っぽい。

RULE 13

Cosmetics and Tools

ネイルは女のおまじない

こんな自分になりたい、と思うとき。

あれこれと必要なプロセスを数え上げ、その難しさと面倒さに圧倒されて、「やっぱりわたしには無理」と諦めてしまうことがある。

なりたい自分になるなんて、どれだけの時間とお金が必要なの？　としまいには自分を投げ出してしまいたくなる。

でも、なりたい自分にまず必要なのは、お金でも時間でもなくたった1本のポリッシュ。

頭の中で「理想の自分」を思い浮かべてみる。その自分は何色のポリッシュを塗っている？　こんなひとになりたいという、憧れのひとは何色の爪先をしている？

その色を自分にまとわせるだけ。

爪先は自分の目で見ることができる「自分」の分身的パーツ。色や長さやデザインが、その日一日のしぐさや表情、キモチを確実に変えてくれる。

会うひとに合わせて、予定に合わせて、気分に合わせて。

つねに視界に入るこのパーツに、なりたい自分の色を塗る。それはわたしにとって、たった数秒でできてしまう自分へのおまじない。

たった数秒で「私」が生まれ変わる ネイルの威力

他人の視線を意識するのはもちろんだけれど、「なりたい自分」になるために大切なのは、実は自分が自分にどう見えるか。なりたい女を想像して塗られた爪先は、自分を理想通りの女にしてくれる不思議な力を持っている。

TOM FORD BEAUTY

1 **コクのある女っぽさが出る赤。女の品格を感じさせてくれる爪になる**

ネイル ラッカー 13 カーナル レッド ¥4,000 ／ トム フォード ビューティ

2 **洗練されつくしたベージュ。女の意識を高めてくれる**

ネイル ラッカー 02 トーステッド シュガー ¥4,000 ／トム フォード ビューティ

3 **甘さだけではなく色気も感じさせる絶妙なピンク**

ネイル ラッカー 05 ピンク クラッシュ ¥4,000 ／ トム フォード ビューティ

THREE

**4 どんな手も美しく
生まれ変わらせてくれる濃厚な赤**
THREE ネイルポリッシュ 13 BRIGHTEST NIGHT ¥1,800 ／ THREE

**5 微糖な甘みが大人の可愛げを
感じさせるピンク**
THREE ネイルポリッシュ 03 SWEET CLOUD ¥1,800 ／ THREE

**6 丁寧に育て上げられた女に見える
絶妙なグレージュ**
THREE ネイルポリッシュ 07 CLOUDS IN MY COFFEE ¥1,800 ／ THREE

ADDICTION

**7 今の自分を堪能している女の赤。
後より前を見る強さを感じさせる**
ネイルポリッシュ Rich Girl ¥1,800 ／ アディクション

**8 セミヌード的色気が
沸き立つベージュ**
ネイルポリッシュ Dear Liar ¥1,800 ／ アディクション

**9 女である自分を愛おしむピンク。
無条件に可愛い女になれる**
ネイルポリッシュ Pinky Ring ¥1,800 ／ アディクション

RULE

14

Cosmetics and Tools

5本のリップで「今っぽい」顔はつくれる

整った顔立ちより、「今」の空気を感じる顔が欲しい。

たとえ美人と言われていても、何年も同じ顔を使い回していたらあか抜けない「惜しい女」になってしまう。

自分らしさは持ちながら、ほんのり今っぽさを投入していくことで、「自分の顔」はもっと楽しくなる。

肌をつくるベースメイクや眉のカタチ、今の空気を左右するパーツはいくつかあるけれど、中でも一番簡単に、最速で今っぽさを出せるのがリップ。

シーズンごとに色や質感にぎゅっと「今」が濃縮されるリップは、ただのせるだけで面白いほど旬の顔が手に入る。

難しい計算も必要なく、ただ唇にのせるだけで新しい自分になれるリップの威力を味方につけることで、つねに自分をアップデートし続けることが可能。

揃えたいのは赤・ピンク・ベージュ・オレンジ・ミックスベージュの5本。

シーズンごとにこの5色を新しくしていくだけで、いつ会っても新鮮な女でいられる。

365日自分に恋できる 5色のリップ

肌に透明感を生む オレンジ

唇にのせた瞬間に肌色に透明感が出るジューシーなオレンジ。ジルスチュアート フォーエヴァージューシー オイルルージュ 06 Mango swing ¥2,800 ／ ジルスチュアート ビューティー

温かみのある愛らしさ ミックスベージュ

ベージュの温かみとピンクの愛らしさで、最強の女になれる。ルナソル フルグラマーリップス 24 ソフトベージュピンク ¥3,000 ／ カネボウ化粧品

わたしにとって 究極のベージュ

品、色気、透明感、洗練感、究極のベージュ。ディオール アディクト フルイド スティック 219　ウイスパー ベージュ ¥3,900 ／ パルファン・クリスチャン・ディオール

「わかっている」 いい女の赤

ピュアな女からこなれた女まで網羅できる。リップスティック シアー チェリーチェリー ¥2,800 ／ アディクション

可憐だけど 色っぽいピンク

選ばれた女になれる１本。キッカ メスメリック リップスティック 20 フューシャパッション ¥3,800 ／ カネボウ化粧品

RULE

15

Cosmetics and Tools

透明な女になれるグロス

色のない色気の深さに心奪われる。ディオール アディクト リップ マキシマイザー 001 ¥3,600／パルファン・クリスチャン・ディオール

ブルーにしか出せない上級の透明感。RMK リップジュリーグロス 03 ベビーブルー ¥2,200／RMK

たぶんこの世で最強に心を奪うのは「透明な女」。時間を重ねるたびに確実に薄れていく透明感。これを大人になってもなお持ち続けているひとは、本当に美しいひと。

思わず振り返ってしまうのも、じっと見入ってしまうのも、会ったあとに「なんでわたしはあのひとじゃないんだろう」と心が沈むのも、共通するのは羨ましいくらいの透明さ。

コスメも透明感をどう出すかに、膨大な時間と心をかけて作られているし、プロのヘアメイクが第一に大切にしているのも透明感。美しさのプロたちがそれを目指すのは、これこそが最強の美しさだと知っているから。

透明さは薄れていくのが自然なこと。でもあるものを使うことで明度がきゅっと上がる、そんな魔法のアイテムがある。

それは「透明以上色以下グロス」。ただの透明ではなく、むっちりぷっくり唇を肉感的にしながらも、本来の素の唇の色が持つ色気とピュアさを最上級に引き上げてくれる透明グロス。唇に選ばれた透明をまとうことで、存在自体の明度が上がるという魔法を使いたい。

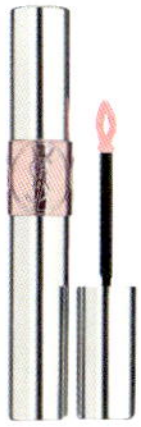

美味しそうな唇って色っぽい。ヴォリュプテ ティントインオイル No.4 ¥3,800／イヴ・サンローラン・ボーテ

一目惚れした透けるピンクの色気。エスティ ローダー ピュア カラー エンヴィ リップ ボリューマイザー ¥3,400／エスティ ローダー

RULE

16

Cosmetics and Tools

自分の髪を好きになるアイテム

VOL 2 Cosmetics and Tools

『Sex and the City』のキャリーのようなくせ毛。スパイラルパーマのようなくせ毛。

自分の髪をたとえるときによくそう説明する。

なんの手も加えないで乾かすと、根元から強いウエーブが出るやんちゃな髪を、どう手なずけるかが物心ついたころからのわたしの第一の課題だった。

ストレートパーマ、トリートメントにシャンプー、ヘア剤。「さらさらストレートになる」とうたわれているものをとにかく網羅。たぶん車が買えるほど試してきた。でも一見ストレートになっていても手触りがぱりぱりだったり、ごわっとした指通りになったり、べたついたりと、わたしが理想とする「ちゅるんとなめらかで、さらんとした触れ心地の、透明感のある髪」にはほど遠いものばかり。

理想の髪なんてやっぱり手に入らないんだなと諦めていたときに出会えたのが、3つのアイテム。

するんと通すだけで、髪の中までうるうるしっとりに生まれ変わらせてくれるストレートアイロンと、使うほどに髪がやわらかく、つやんつやんになるカールアイロン。

まずは、ドライヤーで髪を手ぐしで引っ張るように乾かす。

細い毛束をとり、丁寧に根元からストレートアイロンを通していく。

全体がさらつやのストレートになったら、つぎはカールアイロン。ストレートっぽく仕上げるときには、根元からすべらせ、毛先を1カール巻きこみころんとしたフォルムに仕上げる。

ゆる巻きにしたいときには多めの束をとって巻き、ふわふわエッジのきいた巻きにしたいときには細い毛束で巻く。

そして3つめは、とかすたびにツヤとコシが生まれるブラシ。恋に落ちるってこういうことかと感じるくらい、衝撃的な出会い。

取材や撮影でお会いする方々に「髪がいつもキレイですね」と言っていただけるのはこのアイテムたちの力量。

髪のツヤとなめらかさと、理想の髪を手に入れることができたという自信はわたしにじわじわと伝染し、やわらかくツヤのある女にしてくれる。

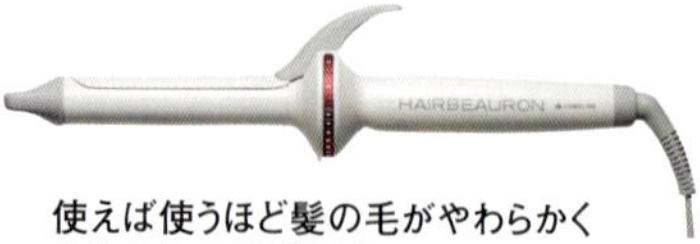

**使えば使うほど髪の毛がやわらかく
ふわふわの手ざわりに**

つやのある、ちゅるんとした感じに仕上がるアイロン。ヘアビューロン® [カール] S-type
¥25,000／リュミエリーナ

**触りつづけていたくなる
つやっつやの髪になる**

車用、家用、メイク用と常に3本はストックする程大好きなアイロン。クレイツイオン アイロン スタイリスト STR　¥25,715／クレイツ

美しさを飛躍させる究極のブラシを持つ

ブラシで顔が変わる

頭皮の血行が目の大きさ、肌の透明感を変える。白髪撲滅ケアにも。MASON PEARSON ポケットブリッスル ホワイト ¥13,500／オズ・インターナショナル

RULE — 17 — Cosmetics and Tools

微熱を帯びる女の香り

「きれいだね」「可愛いね」より「いいにおいだね」と言われると、体の奥のほうからうずうずと嬉しくなる。

表面的なことではなく、本能で「いい女」と認められたような、特別で格別な存在になれたようなキモチになる。

以前、何度もお仕事をご一緒させていただいているデザイナーさんに

「神崎さんはドアを入られる前からいいにおいがするので、そろそろいらっしゃるなとわかります」

と言われたことがある。

「いいにおいの気配」。

これはなにより嬉しい褒め言葉。

さらりと軽やかな香りもいいけれど、わたしは少し重みのある湿度を感じるにおいが好き。

グレープフルーツの香りでも、ローズの香りでもジャスミンの香りでもすべて、体温とまじったような微熱を帯びたにおいがいい。

そして、ほどよくカラダのにおいと温度とフレグランスがまじり合ったぬくっとした香りのする女でいたい。体温とまぜるにはクリームがいい具合。とろんと肌にとけこんでまるで自分のもののような生っぽい香りになってくれる。肌もまろやかになって触れ心地のよさも格上げされる。

クリームでもフレグランスでも、裸でつけるのがわたしの香りの仕込み方。あたたかいお腹やバスト下につけると体温といい具合にまざり、服に隠れる部分につけることで、動いたときにふわりと香ってくれる。ただ平坦に香りがダダ漏れてしまわないよう、「香りを隠す」のも大切にしていることのひとつ。

オイルで髪を香らせるのも記憶ににおいをつけてくれるから好き。ヘアオイルやヘアフレグランスはよく揺れる毛先につけることで、香り方にリズムが出る。根元や頭皮につくとべたついたり香りがこもるので要注意。

髪のいいにおいは無条件にキモチの温度を瞬間でぐっと跳ねさせる。

とってつけたにおいではなく、湿度のある生っぽい香りこそ気持ちに残るにおい。

VOL 2 Cosmetics and Tools

本能に触れるのは肌ととけあう湿度のある香り

1 思わず振り返らせる香り

髪のやわらかさを出すために欠かせないオイル。タオルドライの後に使用。 モロッカンオイル トリートメント（100ml）¥4,300／モロッカンオイル ジャパン

2 無垢さと色気の両方が手に入る

お風呂上がりや外出前に愛用。BODY CRÈME ピオニー＆ブラッシュ スエード（175ml）¥11,000／JO MALONE LONDON

3 肌も気分も色っぽくしてくれるわたしの定番

お風呂上がりに使うとふわふわの肌に。ホイップトボディクリーム フィグ（300g）¥5,500／ローラ メルシエ

4 きゅんとくる香りならこれ

すれ違ったときや、かきあげたときに、ほのかに香る。CR セラム クリスタル（50ml）¥2,800／ケラスターゼ

5 ツヤめくいいにおいの女になる

手の平にとって毛先になじませると仕草に合わせて香りが動く。PEACH JOHN BEAUTY ローズヘアオイル（100ml）¥2,600／PEACH JOHN

RULE 18

Cosmetics and Tools

ヘアアクセサリーは主役ではなく、脇役で

髪より顔よりヘアアクセが前に出てしまっているひとを見ると「もったいないな」と思ってしまう。ヘアアクセに限らず、身につけるものはすべて「自分」より数歩下がっているくらいがいい。

ヘアアクセは、目に入りやすい位置にあるからこそバランスがむずかしいアイテム。色や大きさやデザインの微小な違いでダサくなったりしゃれてみえたり。ついつい可愛いヘアアクセを見つけるたびにときめいてしまうけれど、そんなときは100数えてから考える。

いろいろ試し失敗もしてきた中で覚えたのは、ヘアアクセはシンプルなものが正解、ということ。小さいリボンをさりげなくつけたり、気がつくとぽんと星がついていたり、それぐらいの脇役感が欲しい。

大きなモチーフをつけるときは髪の色に近いもの、ゴールドやシルバーのシンプルなものを選ぶ。いつでも主張せず髪や顔を引き立てるものであるべき。

そしてこなれて見せたいときには、例えば自分の髪を結び目に巻きつけるという、究極シンプルな自前ヘアアクセを使うという選択も持っていたい。

手ぐしでざっくり仕上げた
「ゆるまとめ」

毎日、服を決めてからメイクとヘアを決める。低い位置で、
ざくっと無造作につくることで今っぽさが出る。

ヘアアクセ（コレットマルーフ）

SIDE

後れ毛には
ニュアンスをつけて

まとめる前に全体を巻くことで、ニュアンスが生まれ疲れて見えない。顔周りの髪の量は顔の形や、その日の服によって調整を。

BACK

低めの
まとめ位置が大事

まとめる位置は高いと可愛らしく、低いと大人っぽくなる。わたしは、今っぽさも出せる低めが好き。

Arrange

ヘアアクセサリーなしのシンプルアレンジ術

低めの位置で、ラフなひとつ結びに。後頭部の髪を引き出して、無造作に高さを出すのがコツ。

ひとつ結びした後、結び目より上の髪をふたつに分け、真ん中にポニーテール部分を上からくぐらせ、「くるりんぱ」の簡単アレンジ。

前髪を9：1で分け、後ろ髪をゆるめにねじって低い位置でアップに。

バレッタ（フランス ラックス）

RULE

19

Cosmetics and Tools

美しさの寿命を握るバスアイテム

24時間、ちょっとした習慣や意識、そのすべてが「わたし」をつくる。

その中でもいちばんに女を育てるのがお風呂での時間。

この時間をどう過ごすかが女の10年20年に関わってくると確信している。

全身浴が日課だったころはカラダのラインも顔のラインもさほど気にならなかったのに、暑いから、疲れているから、忙しいから、面倒だからとシャワーを習慣にするととたんにあちこちがたるみ始める。顔はくすみ、全身むくみ、恐ろしいくらいに老化が急激に加速する。

以前何かで「昔のひとの寿命が短かったのはお風呂につかる習慣がなかったから」と読んだことがあるけれど、このカラダの変化を数回体感し深く納得。

お風呂の入り方は女の美しさの寿命を左右する。だから、お風呂では1日戦った自分をほぐしてあげたい。うっとりする香りとやわらかな灯り、しとっとなめらかなお湯に包まれて頭の芯からときほぐす。全身浴でゆったりお湯の揺れる音を聴き、小説や海外ゴシップ誌で脳内トリップをするのもいい。全身の巡りがよくなったらキレイを加速させるタイミング。スクラブで抱き心地のいい肌を、バストセラムでふわふわのバストを、レッグオイルでなでたい脚を、優美な香りでやわらかな心を育てたい。

バスタイムの5つのルール

1 半身浴ではなく全身浴。首まで湯船にしっかりつかる。体が温まって体と頭がほぐれ、質の良い睡眠に導いてくれる。

2 湯船につかる前にシャワーで首のつけね、デコルテ、わき、ひじの内側、お腹、腰、脚のつけね、ひざの裏、そして足首を、全体で5分間温める。シャワーで温めることで、湯船に入る際に、体が早く温まる。

3 蛍光灯の明かりではなくキャンドルを灯す。温かみのある明かりと、ゆらゆら揺れるキャンドルの炎で、バスルームが特別な癒しの空間に感じられる。

4 カラダはタオルなどを使わず手で優しく洗うのが基本。手が届かない背中はシルクやマイクロファイバーのタオルで洗い、週に1〜2回スクラブでお肌の角質をオフして肌の生まれ変わりを促して。

5 タオルオフをしない。お風呂から上がるとき、体を拭かずに濡れたままボディオイルをなじませることで水分と油分をしっかり肌に入れこむことができ、もちもちの吸いつくような肌に。

毎日のバスタイムに欠かせないグッズたち

1 香りも見た目も気分が上がるバスソルト

何個もリピートしている大好きな香り。見た目も可愛いので、それだけで幸せな気持ちに。バスソルト ザクロ（500g）¥7,000／サンタ・マリア・ノヴェッラ銀座

2 触れ心地のいい肌、いい香りのカラダに

スクラブがとても細かくて、ヒップもバストも吸いつくようなふわ心地のいい肌に。ボディスクラブ　フィグ（300g）¥4,600／ローラ メルシエ

3 一度触れたら離れられなくなる肌に

余計な角質を取り去りながら、きめ細やかで弾力のある高級感のある肌に。クレ・ド・ポー ボーテ　エクスフォリアンプールルコール（200g）¥9,000／資生堂

4 デリケートゾーンのケアでぬかりなく美しく

肌に優しい成分で洗うデリケートゾーン専用のソープ。香りも見た目も可愛い。アンティーム　フェミニン　ウォッシュ（100ml）¥2,000／サンルイ・インターナッショナル

5 疲れて脚がむくんだときの救世主

脚がむくんだ日は、夜お風呂でこのオイルを塗り洗い流すと、翌日の脚が見違えるほどすっきり。ボディ オイル“アンティ オー”（100ml）¥7,000／クラランス

6 数滴のオイルがツヤのある女を育てる

湯船に入れてつかると、気持ちもお肌もしっとりした気分になれる。ピオニー＆ブラッシュスエード　バスオイル（250ml）¥9,000／JO MALONE LONDON

for the BATH

RULE 20

Cosmetics and Tools

やわらかいタオルが
やわらかい女をつくる

VOL 2 Cosmetics and Tools

肌は、触れているもののやわらかさになる。

そして心も同じくそう。

ふわふわのニットを着たときの、キモチまでふわふわやわらかくなる感覚。

とろんと、とろみのあるシルクのシャツをまとったときに、肌も髪も心もしっとりなめされていく感覚。

もう起き上がれなくてもいいと思うほど心が痛んだときでも、ふんわりやさしい毛布に包まれると、とげとげやいがいががそっとなでられるような感覚。

触覚は女の肌と心を育てるもの。

だから、わたしはできるだけ身の回りのものを、やわらかくやさしいもので揃えることにしている。

毎日肌に触れるタオルは、すべてふかふかやさしいものが、絶対。

タオルは心地いい香りの柔軟剤を使いふかふかに仕上げ、やせてきたタオルは新調しつねにやわらかさを保つようにしている。

そして、せわしない日中もやわらかい女でいられるよう、うっとりするような触れ心地のブランケットを、家にも車にも常備している。

RULE 21

Cosmetics and Tools

髪のやわらかさを決めるのはドライヤー

VOL 2 Cosmetics and Tools

硬い、多い、太い髪。そんな自分の髪を、なで心地のいい髪にしたくて、「髪がやわらかくなる」と言われているものをひたすら試し続けてきた。

たどり着いたいくつかの「ヘア柔軟法」の中でも、なくてはならないアイテムがドライヤー。

なんとなく選んでしまいがちなドライヤーだけれど、実は、髪のやわらかさやツヤを大きく左右する。

選ぶポイントは、まず風量が大きいことが絶対条件。「なるはや」で乾かすことで、潤いを逃がさずつややかな髪になれるから。そしてつややかな髪を育てるだけでなく、＋αの威力を備えていること。

わたしは選び抜いたふたつを、こんなふうに使い分けている。

まずはじめに、頼もしい風量の「ハホニコ」で頭皮をなるはやで乾かす。そして髪の毛もある程度乾いたら、使うほどに髪がつやつややわらかくなる「ヘアビューザー」で仕上げ、最後に冷風をあてる。この2本使いが最強タッグ。

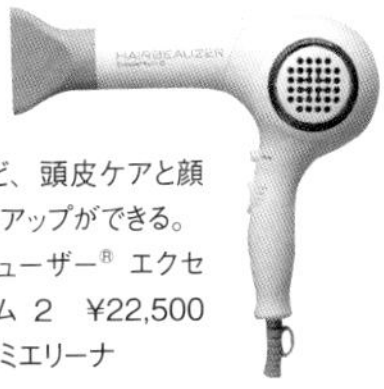

使うほど、頭皮ケアと顔のリフトアップができる。ヘアビューザー® エクセレミアム 2　¥22,500
／リュミエリーナ

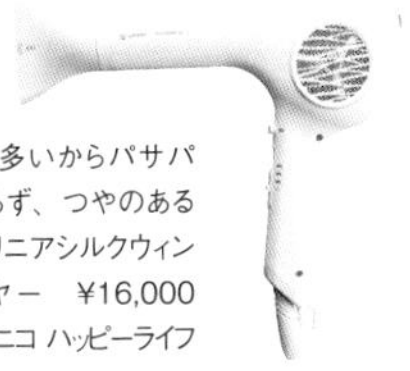

風量が多いからパサパサにならず、つやのある髪に。リニアシルクウィンドライヤー　¥16,000
／ハホニコ ハッピーライフ

RULE 22

Cosmetics and Tools

石鹸の「清楚」な色気

1　永遠の「いい女」の香り

とにかく香りが大好き。石鹸の清楚さと色気も品格も兼ね備えて。シャネル N° 5 サヴォン（150g）￥3,500／シャネル

2　洗練されつくした女の香り

ふとした瞬間にほのかに香る、石鹸ならではのやさしさ。ココ マドモアゼル サヴォン（150g）￥3,000／シャネル

3　透明感を持つ女の香り

可憐だけど凛とした強さも。アリュール サヴォン （150g）￥3,000／シャネル

「香り」は本能に響くもの。無条件に心に引っかかり、残るもの。

たった一瞬の香りが何年も記憶にしみ込み続けるくらい、特別なもの。

だからこそ、この「香り」を大切にしたいと思っている。

フレグランスをレイヤードして自分だけの香りをまとう。

バストと背中に、甘さと辛さの裏腹のフレグランスをつけ分け、読み解けない「色気」ある香りを楽しむ。

そしてときには、だれの心も邪魔しない柔軟剤の香りで過ごす。

中でもわたしのお気に入りは、石鹸が持つ清楚な色気。

ここまで純度が高く、ほわんとやわらかいフォギーな色気はほかにない。

だれもがきゅんとして、思わずうっとり心奪われる香り。

わたしはランジェリーやナイトウエア、ナイトガウンと一緒にクローゼットに眠らせて、ほのかに香りを移すのが好き。

そしてハンカチと一緒にしまっておくと、手をふくたび、汗をぬぐうたび、ふわりと心奪う香りが流れる。石鹸にしか持てない、ノスタルジックな色気のある香りは、わたしの永遠の香りのひとつ。

RULE 23

Cosmetics and Tools

ノンワイヤーランジェリーで触れ心地のいいバストを育てる

大きい小さいも気になるけれど、それよりなにより大切にしたいのが、胸の「やわらかさ」と「カタチ」。

サイズに関係なく崩れたり痩せてしまうバストは、どんなときも、いくつになってもふわふわやわらかくきゅっと美しいカタチでいたい。

バスタイムには、細やかなスクラブでなめらかさを育てる。

朝と夜には、バスト用のセラムで理想のカタチをつくるようにマッサージ。

そしてベッドに入るときにはノンワイヤーのランジェリーで、そっと包み込んであげる。眠っている間にバストが横に流れてしまわないよう、そして摩擦で肌のなめらかさが失われないようにケア。

きゅっと締めつけてしまっては巡りの妨げになってしまうので、そっとやわらかな手で包み込むようなつけ心地のものを身につける。

そして女であることを自覚、堪能できるような美しいシルクやレースを選ぶことで眠っている間に肌から「女」が浸透する。

バストは、女である自分に自信をくれる大切なパーツ。

自分に恋する肌を育てる
re

VOL 3
Skin Ca
and
Makeup

わたしを幸せにする肌をつくる

理想の肌に近づくたびに、気持ちまで変わっていくのを実感する。自分を好きになれるよう、もっとHappyになるよう、心を込めて肌を育てるプロセスもとことん楽しむ。

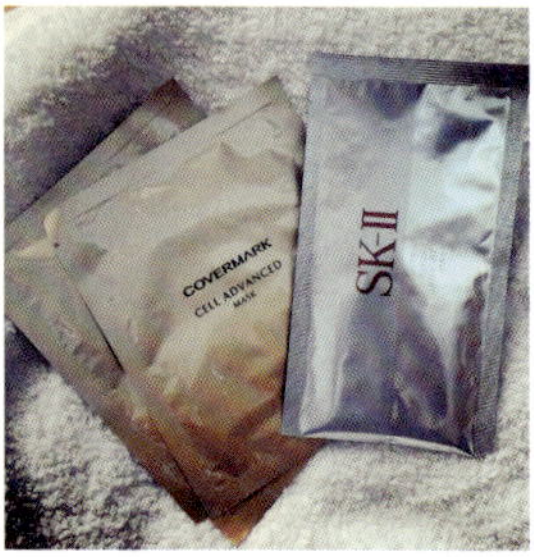

SK-Ⅱとカバーマークの溺愛マスク。この瞬発力と確実さは手放せない。

バームのコクと吸着感が好き。どんなときも乾かない女でいたい。

ベッドに入る前に数滴。飲むだけで美しくなれる媚薬。

一日中みずみずしい女を確約してくれるサンローランのファンデ。

VOL 3 Skin Care and Makeup

キレイを育ててくれる美味しいコたち。

シャネルの美しいファンデーション。心ごと美しくしてくれる。

肌をふわふわやわらかくしてくれる逸品たち。

うるうる、つやつや、透明肌をつくる下地。絶品。

ボディに愛用している厳選オイル。香りもテクスチャーも完璧。

わたしの肌を生まれ変わらせてくれるオイル。

RULE

24

Skin Care and Makeup

生ツヤ肌をつくる保湿アイテム

いくらセミマット肌が流行ろうと、わたしの理想は断然ツヤ肌。微熱を帯びた、じゅわん、しとっとした生めかしい肌が欲しい。もともと、薄くドライなわたしの肌。今では「じゅわんなツヤ肌」＝神崎と言っていただくことが多いけれど、ここまでくるには相当なアイテムと方法を試してきた。

まずなにより重要なのは肌の力を上げつつ、水分と油分をたっぷりためこませてくれるコスメ。

肌にのせたときの心地よさや相性は、確実に肌の育ちに影響するから、肌と感覚にぴったりとくるものであることが絶対。

テクスチャー、香り、ケア後の肌の仕上がり、実感、そしてたっぷり使い続けることができる価格。そのすべてに納得ができ恋するようにスキンケアの時間が待ち遠しくなるようなものを厳選すること。

わたしのスキンケアにはいくつかのルールがある。

まずスキンケアはできるだけ裸の状態ですること。肌は一枚。だから、顔だけではなく、全身でする。

とくに顔をはさむ頭皮とデコルテはケアを強化。スキンケアコスメは重みのあるバストまでのばし、たるみを防止。リンパの集まったデコルテに触れることで顔の透明感も増し、バストの触れ心地のよさも上昇。いいことずくめのケア方法。

使用量は決められたものの1・5倍を目安にたっぷりと使う。

両手で温め毛穴に入り込むように斜め上に向かってやさしく塗りこみ、広い部分は手のひらでハンドプレス、小鼻や目周りや口周りは、指の腹でプレスし、しっかり奥まで届けるイメージでなじませる。このひと手間が肌を美しく育てるポイントなのでぬかりなく丁寧に行うこと。

そして気になる部分には再度たっぷり重ねぬり。

10分〜15分後、肌に触れて足りない部分にはしっかりぬり足し、足りない部分がないよう終わらせる。

スキンケアは何を使うかと同じくらいどう使うかが重要。週1〜2回の角質ケアと組み合わせれば、確実に心を吸着する生ツヤ肌になれる。

VOL 3 Skin Care and Makeup

1 すべてを底上げしてくれる美容液

これなしじゃいられない。肌が生まれ変わる１本。エンビロン　C －クエンス４（35ml）¥20,000 ※リニューアルにともない現在パッケージ変更／エンビロン（プロティア・ジャパン）

2 ハリとつやが生き返り時間が巻き戻る

しゅんと萎んだお肌もぷっくり肉厚になる。自分の肌を好きになりたいならこれ。SK －II　R.N.A. パワー ラディカル ニュー エイジ（50g）¥11,500／マックス ファクター

3 理想のツヤともっちり感が手に入る

植物由来成分にこだわったエイジングケアのエキスパート。ツヤツヤ肌になれる美容液。ダブル セーラム（30ml）¥11,000／クラランス

4 自惚れるほど触れ心地のいい肌に

朝起きたときの肌触りの違いが実感できる。ベストな質感、ハリ、輝き、潤いが一気に手に入る。P.C. ナイト リハーブ（30ml）¥22,000／ヘレナ ルビンスタイン

うぬぼれ肌を育てるコスメ

RULE — 25 — Skin Care and Makeup

心を奪うオイル肌

VOL 3 Skin Care and Makeup

スキンケアコスメをたったひとつしか選べないとしたら、迷うことなくオイルを選ぶ。年齢を重ねるごとに失われていく油分。使い古したレザーも、オイルをぬりこむことでなめらかさとツヤを取り戻すように、肌に広げた瞬間からツヤを与えてくれる、その威力は絶大。肌をほぐし、小さなシワやくすみ、疲れた肌を見事に生き返らせてくれるオイルの力は、わたしの「美容」になくてはならないもの。

数本の中から、気持ちや調子に合わせてしっくりくるものを選ぶ。心が疲れた日や軽やかにスタートさせたい朝は、さわやかな香りとテクスチャーのもの。女っぷりをあげたいときには濃厚なコクまろオイルを。

使い方も、様々。肌をほぐしたいときには湯船でオイルマッサージ。もちっとさせたいときにはクリームやミルクに混ぜて。メイクの仕上がりを艶っぽくしたいときにはスキンケアの最後に。部分的にツヤが欲しいときはファンデーションやチークに混ぜて。

オイルが育ててくれる、むっちりとした質感とツヤはわたしの永遠の理想。これからもオイルマニアでいたい。

軽やかだけど湿度も出る。香りが優美でつけ心地のよいオイル。
ザ・リニューアルオイル（30ml）¥27,000／ドゥ・ラ・メール

香りがすごく優しい。心が折れそうな日につけるとHUGしてもらったよう。
EXオイルセラム（15ml）¥7,000／SHIGETA Japan

RULE 26

Skin Care and Makeup

「抜け感」は肌でつくる

今、絶対になくてはならない要素である「抜け」。

「抜け」とよく聞くけれど、いったいどんなものなのか、どうすればそれが手に入るのか、いくつもの『?』がついているひとも多いはず。

「抜け」とは簡単にいうと軽やかで風通しのいいもののこと。

ガチガチの完璧さではなく、ちょっとした隙や脱力感があること。風がするんと抜けるような隙間を感じさせるもののこと。

髪や服、抜けをつくれる部分はたくさんあるけれど、中でも簡単で今すぐにでもできる抜けは「肌」。素肌が透けるくらいの薄ベースメイクにすることで、だれもが簡単に抜けを手に入れることができる。

そしてその抜け肌を、より心をつかむものにするために威力を発揮してくれるのが優秀な美白コスメたち。

「透明度」を引き上げてくれるコスメは、「抜け」をつくり「選ばれた女だけが持てる空気」を生んでくれる。今必要なのは完璧さではなく軽やかさ。

肌の明度を上げて、軽やかでさりげないけれど心を奪う「特別な女」になりたい。

SKIN CARE

美白コスメで
透明な女になる

朝は美白美容液と日焼け止めでしっかり守る

肌を確実に老けさせる原因のひとつ、「日焼け」から肌を守るには、美白効果のある美容液と日焼け止めクリームが欠かせない。365日しっかり守りぬく。

するっと肌に入って
確実に明度が上がる

滑らかなつけ心地で肌へのなじみがよく、肌のトーンがワンランクアップする。ホワイトショット CX（25ml）¥15,000／ポーラ

透明なのに
肌が綺麗に見える

肌を綺麗に見せてくれる大好きな日焼け止め。B.A　ザ　プロテクター S SPF50 PA++++（45g）¥11,000／ポーラ

透明感あふれる肌へ
期待を裏切らない

お肌がとにかくむちっむちになる。泡タイプを愛用中。HAKU メラノディフェンスパワライザー（120g）¥6,000（編集部調べ）／資生堂

パールのような
まろやかな発光感

上品なまろみが出るクリーム。ペルル ブラン ホワイトニング ナイトクリーム（50ml）¥13,800／ゲラン

夜は寝ている間にしっかり美白する実力派を

どんなに対策をしても、知らず知らずの間にたくさん浴びている紫外線。寝ている間にリセットしてくれる、優秀な美白アイテムで、しみやくすみのない肌を手にいれて。

透明感を際立たせる格上げコスメ

しみやそばかすができやすい部分や気になる部分には、美容液の後にスポットケアでダブルケア。肌の影やムラをなくし透明感を決定づけるビタミンＣの効力も投入する。

しみを払拭してくれる

気になる部分はもちろん全体に塗っても。白さを育ててくれる実感が持てる。ホワイトショット SX（20ml）¥12,000／ポーラ

美白効果はもちろん毛穴ケアもできる

ビタミンＣはお肌の力を上げ、毛穴が小さくなって透明感もUP。フォース C. 3（50ml）¥22,000／ヘレナ ルビンスタイン

くすみのないクリアな素肌へ導いてくれる美白クリーム

素肌が持つ本来の力を上げて紫外線に負けない若々しい肌づくりをベースに、クリアで透明感のある肌を目指す美白クリーム。しっとり潤いも閉じ込めてもっちもちの肌へ。

徹夜明けの翌日でもくすみ知らず

保湿力があり、こっくりした包容力もある。クレッセント ホワイト クリーム（49g）¥10,000／エスティ ローダー

リッチな透明肌になる

肌の奥から透明度が上がる。エクシア AL ホワイトニング エターナル ステム ノーヴァ クリーム（30g）¥20,000（医薬部外品）／アルビオン

RULE 27

Skin Care and Makeup

運命を変えるファンデーション

VOL 3 Skin Care and Makeup

自分に自信をなくしたとき、そして自分との倦怠期に、真っ先に変えるのがファンデーション。

肌は気持ちと直結している。肌が変われば気持ちが変わる。気持ちが変わると、その日1日の過ごし方が、そして生き方が変わる。

生き方を変えたいときは、スクールに通うより、資格をとるよりまず肌を変えることかもしれない。それくらい肌は、女の心と意識を動かしてくれる。

わたしが常備しているのは、ほぼすべて「ツヤ肌仕上げ」のファンデーション。

ツヤ肌といっても、ファンデーションによってつくられるツヤはひとつひとつ違う。

まるで素肌のような軽やかで薄くみずみずしいツヤ。

むっちり蒸気をたたえたような湿度のあるツヤ。

磨き上げたような陶器級のツヤ。

パールのようにふわんとまろやかな発光ツヤ。

そのとき自分が肌を見てわくわくするような、自分の可能性にどきどきできるような肌を自分でつくることにしている。新しい自分、ちょっと好きになれそうな自分を目にすることが「運命」を変えるキッカケになる。

BASE MAKE

**プロ仕様のツヤが
瞬間でつくれる**

抜け感のある肌が再現できる。RMK カジュアルソリッド ファンデーション SPF38 PA+++　レフィルa レフィルb 各¥2,000、ケース¥1,500 ／ RMK

**薄づきで素肌以上
メイク未満を楽しめる**

素肌本来が美しく見える自然な艶が簡単に実現できる。ブラン エクスペール クッションコンパクト 50 SPF50+ PA+++（レフィル）¥5,200（ケース）¥1,300 ／ランコム

**軽さとツヤ感のバランスが
今っぽく絶妙にきまる**

サラッとして薄いけど、確実に肌がきれいに見えて崩れにくい。タン アンクル ド ポー SPF18 PA+++(25ml) ¥6,500 ／ イヴ・サンローラン・ボーテ

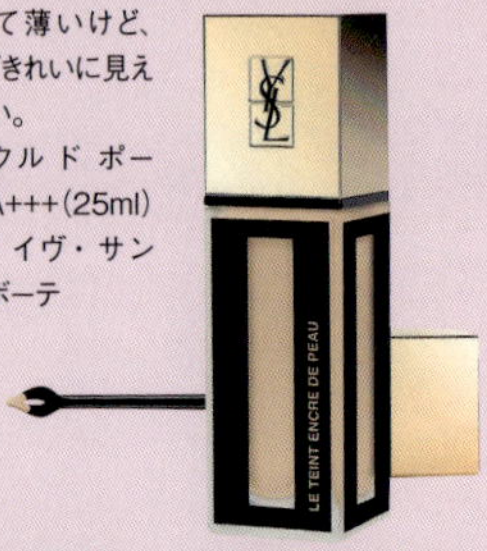

**内側から発光したような
輝く肌に**

ブラシでくるっと塗るだけで、肌の内側から発光したようなツヤとオーラが手に入る。（左）SK−II COLOR クリアビューティエナメル ラディアント クリームコンパクト（リフィル）SPF30 PA+++　¥10,000（右）SK−IIアルティザン パーフェクティングブラシ ¥5,000 ／ マックスファクター

リピート必須の
下地たち

**ツヤと立体感が出て
美しい骨格に**

肌の内側から自然に発するようなツヤ感。ファンデーションプライマー ラディアンス（50 ml）¥4,000 ／ ローラ メルシエ

**ほわんとした肌に
見せてくれるピンク**

くすみをカバーし、まろみのあるやわらかい肌に。イプサ コントロールベイス ピンク SPF20 PA++ (20ml) ¥2,800 ／ イプサ

凛々しさを生む
骨格ハイライト

今までほんわり可愛い女が理想とされてきた日本。それは、日本の男性が丸くて可愛いものを好むロリコン思考からきたもの。でもここ数年、丸みから角ばったものが美しいという世界基準の美しい女が理想に。

立体感のある顔は強さや知性、そして色気を生む。ただの立体感ではなく、みずみずしく濡れたようなツヤで出す立体感が今必要。

ピュアなツヤと
立体感が手に入る

濡れているようなみずみずしさと立体感が出る。rms beauty ルミナイザー（5ml）¥4,900／アルファネット

肌も顔も
洗練されて見える

凛とした立体感と湿度を含んだツヤが出る。ミネラルハイライトクリーム　¥3,500／エトヴォス

RULE 28

Skin Care and Makeup

離れられない肌になるバーム

肌がもっちり。香りも最高。バンフォード ボタニック ボディバーム（60ml）¥5,500／ピューリティ

目元がふっくらつやんとする。ベアミネラル ミネラリクサー アイバーム（8.5g）¥4,800／ベアミネラル

よくパートナーや男性ヘアメイクの友人とするのが「しとっとした肌って色っぽい」という話。

例えば手をつないだとき、脚をなでたとき、顔と顔を近づけたとき、カサカサしていたら残念だよね、と。

女の肌はしとっとしていたほうがいい。なんども触れたくなるような、ずっとなでつづけていたくなるような、もう離れられないような吸引力のあるなめらかでしっとりした肌。

クリームやオイルでも叶うこの肌。中でも速効性があるのがバーム。バーム特有のコクと濃密なうるおいで、いっぺんにむっちり色っぽい「しとっ肌」になれる。

選びたいのは、ベタつかないのに吸いつくような肌になるもの。ちゅるんとしたツヤが出るもの。体温とまじり合ってぐっとくる香りになるもの。

髪や肌、唇や目元、体。バームの力で離れられない肌を育てる。

ぷっくりぷるんとした肉感的な唇に。スック リップ コンセントレイト バーム（7.5ｇ） ¥5,000／スック

全身使える万能バーム。rms beauty リップスキンバーム（5ml）¥3,600／アルファネット

RULE 29

Skin Care and Makeup

肌をきれいに見せる日焼け止めしか使わない

やわらかいツヤと透明感が手に入る。ラ ロッシュ ポゼ UV イデア XL ティント SPF50／PA++++ ¥3,400／ラ ロッシュ ポゼ

大好きなツヤ感。下地に使うことも。エッフェオーガニック UV プロテクトベース SPF33／PA+++ (30g) ¥2,800／エッフェオーガニック

VOL 3 Skin Care and Makeup

撮影がない日には、日焼け止めだけで過ごすことも多い。

顔の上が軽やかだと心も軽やかになれる。家族との休日や自分だけの時間は、できるだけ素の自分に近い状態で過ごしたい。

優秀な日焼け止めが毎年数多く生まれてくる中で、わたしが重視している条件がある。

まず肌を傷めずに、しっかり紫外線をカットしてくれるもの。

そしてカサカサせずしっとり潤うものであること。

毛穴やシワが目立たないもの。

白浮きせず、透明感が出るもの。

まるでトリートメント後のようなツヤが出るもの。

「肌にやさしく、なおかつファンデーションが必要ないくらい、それだけでも肌にうっとりできるほど素肌をキレイに見せてくれるもの」であることが絶対。

心地よく、美しく、でも頼もしく守ってくれる日焼け止めと出会いつづけていきたい。

一点の毒もない透明肌に。ワン エッセンシャル シティ ディフェンス SPF 50／PA++++ (30ml) ¥6,500／パルファン・クリスチャン・ディオール

ほわんと発光する肌になる。SK-II オーラアクティベーター CC クリーム SPF50／PA++++ ¥8,500／マックス ファクター

RULE 30

Skin Care and Makeup

アイシャドウは究極のブラウンベージュがあればいい

毎シーズン発売されるアイカラーにきゅんきゅんとさせられるけれど、実際リアルに使用するのはブラウンベージュのアイカラー。

撮影や仕事でも同じく、結局もれることなく使用するのはほぼブラウンベージュ。この色は最強。目を大きく深く見せながら、品や色気、賢さ、可愛さ、すべてを網羅できる色だから。

でも、ブラウンベージュといってもその種類は膨大。その中から、自分を最も美しく生まれ変わらせてくれる究極のカラーを探したい。

条件は、肌の明度を上げるものであること。

ブラウンやベージュは、黄みよりのものから赤やピンクという具合にさまざま。まぶたにのせたとき、目元はもちろん、肌全体の透明感が上がるものを選ぶこと。

髪や瞳の色に合い、双方を美しく引き立てるものであること。

肌の色と同じように、髪や瞳の色によって似合う色が異なってくる。

微妙な色や質感の違いだけでも仕上がりが驚くほどに違ってくるので、必ずタッチアップし自然光、蛍光灯、間接照明の下で確認することが大事。

眼差しだけで心を奪う
シャドウしかいらない

point !
アイラインがわりに
使っても

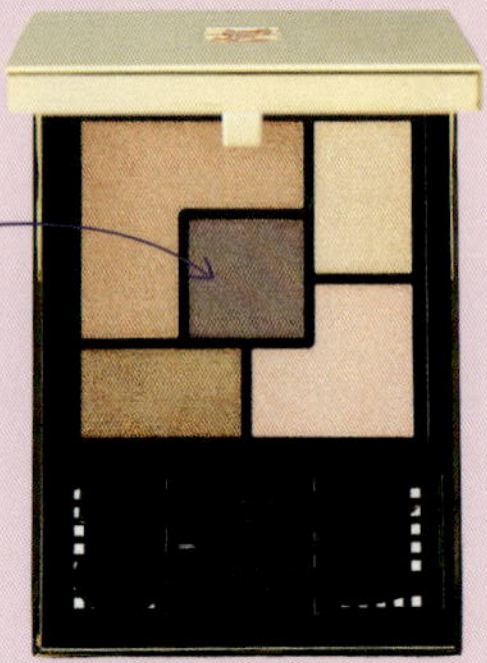

女っぷりのいい
眼差しをつくる

ファッションや気分に合わせて単色使い、複数色使いを。クチュール クルール パレット 03 AFRIQUE ¥7,800／イヴ・サンローラン・ボーテ

今欲しい立体感と
深さが手に入る

洗練されつくした色と質感が絶品。THREE 4D アイ パレット 10 MYSTERY GIRL ¥6,000／THREE

ぬれたようなツヤで
「艶っぽい女」に

透明の輝きをまとったようなツヤが絶妙。どの色もパーフェクト。ルナソル　スパークリングアイズ　01 ¥5,000／カネボウ化粧品

微熱アイライナー

色の気配を感じるくらいのカラーライナー。まばたきするたびにちらりと余韻を残す、チラリズム的色気を生むことができる。ドライな女らしさならカーキ。とろんとした甘さの中に濃い女を感じさせるボルドー。女の自信を感じさせるセンシュアルなピーコックグリーン。やわらかいと安心させて、実は凛々しい強さを秘めたブラウンブラック。わかりやすい色ではなく、瞬間では読み解きにくい色。そんな色が潜在意識に入り込む眼差しをつくる。

透明な色気が欲しいときに

眼差しの深みと透明感を引き上げる色。キッカ ミスティック ソフトペンシルアイライナー 02 ¥3,000／カネボウ化粧品

解き明かしたいと思わせる色

一筋縄ではいかない、そそる影を生む色。ランコム コール イプノ ウォータープルーフ 04 ¥2,500／ランコム

微熱を感じる温もりのある眼差しに

1本は持っておきたい、女の深みを増す色。RMK インジーニアス リクイドアイライナー EX 04 ¥2,800／RMK

RULE | 31 | Skin Care and Makeup

忘れられない眼差しはこうつくる

熱を帯びうるんだ眼差しを持つ女でいたい。あざとくではなく、ピュアなうるみを持つ女。そんな澄んだうるみのために、瞳のケアとちょっとしたメイクの工夫をしている。

目のまわりの透明度を上げるために、ぬれたようなみずみずしいツヤの出るクリームハイライトを目頭、頬、鼻筋、涙袋にほんのりまとう。このツヤが瞳に集まりうるみが出る。

まつげはほんのり下げ気味に、そしてできるだけマスカラやアイラッシュで長いまつげのひさしをつくることがポイント。瞳にたまった光を逃がすことなく回し続けることができる。吸い込まれるような濁りのない眼差しであるよう、点眼薬のケアも必須。

(右から) THREE シマリング グロー デュオ ¥4,500／THREE、サンテ ボーティエ (12ml) ¥1,500／参天製薬、神崎恵プロデュース　アイラッシュボーテ 05 ¥1,200／ディー・アップ

RULE 32

Skin Care and Makeup

メガネとコンタクトで顔を変える

もともと視力が弱いこともありコンタクトやメガネは必須アイテム。その中で、その日の自分のテーマやコンディションによってアイウエアを着替えている。

例えば、大人っぽく辛めな自分で過ごしたいときには透明コンタクトで裸眼の黒目のサイズや色を選択。甘めな自分で過ごしたいときには、ワンデーアキュビューディファインのヴィヴィッドやシードのアイココフレ・ベースメイクを。このカラコンは顔がくすんでいる日にも、肌に透明感を出してくれる強い味方。素の自分でいたいときや疲れた顔、むくみがあるときにはメガネ。顔をすっきり見せてくれる黒フレームのメガネを愛用中。

RULE 33 | Skin Care and Makeup

クリームチークがつくる色気

クリームのじゅわんとした色気が好き。スキンケアのクリームからリップクリームまですべて。クリームにしか出せない、内からにじみ出るような質感は女の温度やまろみを目に見えるものにしてくれる唯一無二のアイテム。

中でも、クリームチークの色気は最強。初めて目が合ったときのような恥じらいの色気から、肌を重ねたあとの高温の色気まで網羅できるアイテム。濡れたようにみずみずしく色づくもの、ぽわんとフォギーに色づくもの、じゅわんと温度を帯びて色づくもの。それぞれピンク、ベージュ、赤、オレンジ、ブロンズを揃えている。

（中央）ボンミーン スティックフェイスカラー ピンクグロウ ¥3,600／ローラ メルシエ、（下）MA KISSMILE TOMATO ORANGE ¥3,200／ブランエトワール

RULE 34 Skin Care and Makeup

美しさのツメはスポンジとブラシ

キレイをつくるツールを大切に使いたい。中でもスポンジとブラシは重要。

ベースやチークには肉厚スポンジが絶対。薄いものより、やさしく均等に圧がかかる厚めがいい。ビューティブレンダーやシュウウエムラの変形スポンジを愛用。使い捨てられるLOFTオリジナルのベース型のものも便利。

ブラシは、毛量がありやわらかく、粉がブラシの中までしっかり含まれるものを。実力、ルックス共に完璧なシャネルのブラシたちを愛用中。他にもマツキヨのベビー綿棒やkobakoのホットビューラー、ニゲロ社のツィザーが必需品。キレイはツールの力を借りることで確実に精度が増す。

RULE 35

Skin Care and Makeup

プチプラコスメの瞬発力

描き心地最強。繊細ラインから女っぷりのいいラインまで自由自在。メイベリン ハイパーシャープ ライナー S BK-1 ¥1,200／メイベリン ニューヨーク

じゅわっとした色のつき方が今っぽくて可愛い。全色揃えるくらい大好き。キャンメイク ステイオンバームルージュ 02 スマイリーガーベラ ¥580／井田ラボラトリーズ

なめらかでまさに今流行りの質感。色と透明を重ねたような色の出方が大好き! ケイト CC リップクリーム 01 BEAT RED ¥480／カネボウ化粧品

VOL 3 Skin Care and Makeup

ファッションと同じく、顔にも新しい、古いがある。

いくらいいものを使っていても、それが時代遅れのものだったら顔は古くさく、あか抜けない女が仕上がるだけ。

かといって、コスメは高価なものが多い。いろいろな色や質感のものを使いたくても、アイシャドウパレットとリップでバジェットいっぱい、なんてことも大いにある。そんな女心をするっと満たしてくれるのが、プチプラコスメたち。

旬の空気が出やすく成功率が高いのはチークとリップ。美容雑誌で流行りの色や質感をリサーチし、選ぶのがポイント。

そして、アイライナーやアイブロウまわりの、消費率が高いアイテムもおすすめ。形状、色違いで雰囲気が変わるのでいろいろ揃えるようにしている。

ベースやアイシャドウは上質なものにし、そこに今を感じさせるプチプラを合わせるのがわたしのルール。旬なものだけが持てる鮮度。常にアンテナを張って「わかってる」女でいたい。

ぬくっ&じゅわっとした温度を感じる色づきで、色っぽい感じに仕上がる。ヴィセ リシェ　リップ&チーククリーム　RD-1 ピュアレッド　¥1,000（編集部調べ）／コーセー

するっと塗るだけで綺麗なまつげが完成。長く、印象深くなるのにやりすぎ感がなくバランスが絶妙。モテマスカラ　ONE リフトアップ　¥2,700／フローフシ

「自分」という素材を最大限に魅せるもの

VOL 4 Clothes and Shoes

「わたし」でいることを
もっともっと面白くしたい

「わたし」をひとつだけに決めるなんてもったいない。会うたびにドキドキするような、毎日自分にワクワクするような、高鮮度の面白みのある女になりたい。

ついつい集めてしまう黒の透けワンピ。

さらんとしたシャツは何枚も欲しい。ZARA のカーキシャツ。

JIMMY CHOO と MYLAN のストールで、わたしの色を堪能する日。

履くだけで脚の品格が上がるヒールたち。MANORO BLAHNIK と Sergio Rossi。

VOL 4 Clothes and Shoes

「わたし」に戻りたいときにはスニーカー。adidas と NIKE が♥

色と影で特別な女になる。

動きづらいものから生まれる色気が好き。

Velnica のワンピース。動きを美しく見せる服を揃えたい。

MYLAN の 美 し い 色 の 世 界。Chloé のベージュも溺愛中。

しっとりなめらかなレザーの色気が好き。タイトな女らしさが♥

RULE 36

Clothes and Shoes

メンズアイテムの色気で女になる

女性からほのかに香る男の気配が好き。となりに男そのものがいるよりも、ずっと深い色気を感じる。わたしが好んで身につけるものは、ニットやシャツ、時計やキーケース、財布などの小物、それにアウター。

もともと男性的なデザインが好きということもあるけれど、ざくっとしたものにくるまれると、自分の弱さや不完全さを自覚することができてとても楽になれる。

キャリアや恋愛、人間関係、これからの自分へのプレッシャーと戦い続けていると、強くならなければいけないと自分に言い聞かせてしまう。いつのまにかそれがあたりまえになって気持ちもカラダも肌も、全身ガチガチに凝り固まっていく。

そんなときに自分の本来の小ささを感じさせてくれるメンズアイテムは、わたしにとって女に戻ることができる大切なもののひとつ。

もちろん、大きなものや角ばったものを身にまとうことで、女の丸みや華奢さが際立つのも嬉しい効能。そして、ニットやシャツのゆるさとスマートさのさじ加減がたまらなく好き。アウターはパートナーのものを借りるのも楽しみのひとつ。

甘めのパーツでできているわたし自身と、かちっとした空気を持つアイテムとのアンバランスさを楽しんでいる。

メンズ時計のごつさが華奢な雰囲気を生む

時計からじわりとわき上がる男の気配は、いちばん好きな濃度。メンズ小物のごつさで、女の甘さを調整できる。

MEN'S ITEM

メンズの空気が女を感じさせる

デコルテの肌見せや、あえてうっすらと透ける黒やバストの丸みがほどよく出るランジェリーを忍ばせ、女の余裕をレイヤードするのが好き。

point !
デコルテや手首など
女特有のパーツや
細さを見せる

RULE 37 Clothes and Shoes

甘辛デニム

時々デニムで現場に行くと、「神崎さん、デニムはくんですか⁉」と驚かれることがある。

仕事や撮影では甘めな服を着ることが多いせいか「神崎恵＝甘い」というイメージが強いよう。でも実はシンプルも辛めも大好き。帰宅すると高確率でパンツ。オフの日もデニムで過ごすことがほとんど。

ハイダメージのものからスキニー、テーパード。オフショルを合わせて女らしく仕上げたり、シンプルなTシャツでヘルシーな気分になるのも好き。合わせることの多いデニム×色ヒールは気分を必ず上げてくれる。スニーカーを合わせて力の抜けた気分を味わうのもお気に入り。

RULE 38

Clothes and Shoes

美味し美しいパンプス

チョコビーンズとドロップみたいなパンプス。数ある中でも断トツ登場回数の多い靴がこれ。

デザインは余計なものが一切ないプレーンなもの。つま先のフォルムは、ほんのり甘いものか、つんといい女を感じさせるものを。

ブラック、ブラウン、ベージュのチョコやコーヒーのようなパンプスはビターな空気をまぜたいとき。ブルーやグリーン、イエローやピンクは、鮮やかなリップをつけたようなどきどきと、自分らしさが欲しいときに選ぶ。

ときには自分に足りない要素を靴からもらう。これもわたしの靴選びのひとつの条件。

RULE 39

Clothes and Shoes

女の華を育てる服

女にとって「華」は持つべきもののひとつ。
そのひとがいるだけでその場の空気がふわんと一瞬で変わるような、温度が上がり高揚するような。なぜか目が離せない。そんな、ひとの温度を変えることができる、気持ちを動かす力が華というものなのだろうと思う。

ドラマや映画を監督している友人がこんな話をしてくれた。

「この前みんなで食事をしていて、ドアがあいて彼女が遅れて入ってきた瞬間、店じゅうのひとがドアのほうを向いてびっくりした。さすがだよね、あれがトップ女優が持つ空気なんだよね」

まさしくこれが華の正体。造形の美しい美しくないではなく、存在から沸き立つ熱。反射的にひとの眼差しや心を吸着するもの。そんな華を育てたい、と強く思う。

生まれつき華を持っていなくても、いくらでも華をまとうことはできる。

表情や所作、メイクや言葉。いろいろとあるけれど、だれもが簡単にできる華のまとい方が「潔い肌見せ」。ただ肌を露出するのではなく、美しい部分を1点だけ潔く魅せる。華と同時に、その他大勢ではなく「選ばれたひとり」に見せてくれるのもこの見せ方の特権。ここぞというパーツをつねに磨いておきたい。

禁欲さと大胆さ
この裏腹なバランスが
たまらなく好き

BALENCIAGAのワンピース。動きを先読みして作られたデザインや、女だけが持つ細さや丸みを余すところなく魅せつける。出会ったとき「さすがだね」と思わず声が出た一着。

RULE — 40 — Clothes and Shoes

靴を履きかえることでいくつもの顔を持つ

VOL 4 Clothes and Shoes

実はどんな女なのか、どんな女になりたいのか。

メイクや服よりも本音が出るのが靴。

ある取材で「理想の女性はいらっしゃいますか？」と聞かれたことがある。

理想の女性。わたしにとっての理想はいろいろな自分を持っている女。ひとつだけではなく、いくつかの異なる自分があり、そのどれもがちゃんと自分であること。

たくさんの自分が集結して「わたし」になるような感覚。

靴はそんないくつもの自分をカタチにしたようなもの。

一見甘め、でも毒のある女。

やわらかく温かみのあるまっすぐな女。

男の感覚を合わせ持つ女。

シンプル至上主義でも実は遊びのある女。

つねに自分の目に入り続ける足元は、自分を確認することができる。なりたい自分、そして本来の自分。ときに安心感、ときに未来への暗示をくれる靴は、ただ履くのではなく自分を重ねて履くのがわたしの靴の楽しみ方。

今日はどんな女になろう?
3足の靴からつくるコーディネート

1

スタッズヒール

＋

レディなドレス

＋

チェーンバッグ

毒を隠し持つ女

レディライクなレッドのドレスには、あえてVALENTINOのスタッズつきヒール。その意外性を楽しんでいる。

2

きれいめ
ピンヒール

＋

膝丈
ワンピース

＋

チェーン
バッグ

誰に会わせても自慢の女

知的な女コーデといえば上品な膝丈ワンピース。
つまらない女にならないのは、赤のヒールの色気。

3

メンズ靴

＋

モノトーンの
パンツスタイル

＋

ショルダー
バッグ

メンズの空気を使いこなす女

女らしいきれいめスタイルに合わせたい Church's のスタッズつきレースアップシューズ。メンズ小物を合わせるときは、肌見せや女らしい体のシルエットと。

and MORE

ときにはスニーカーで力を抜く

ヒールを履くことは、わたしにとっていわば戦闘モード。素の自分に戻れて、地に足が着いている実感の持てるスニーカーはオフの日に。

RULE 41 Clothes and Shoes

雨の日も心地よく過ごせるパテントの靴

気分までどんより重くなる雨の日は、特に自分を盛り上げる工夫をしたい。

崩れるのがわかっている髪は潔くまとめる。くすんで見えがちな顔はツヤの出る繊細なパールの下地とほわんとまろやかな肌に見せてくれる潤いピンク下地を薄く重ねる。

暗く見えがちな目もとは濡れたようなツヤが出るシャドウを広げる。血色のチークとリップで雨の日のくもった光の中でもうるんとつやめく顔をつくる。

そしてなによりパテントの靴。雨のしみこみを気にせず、全身バランスも足元の美しさもキープできる、とっておきの靴。「雨の日でも可愛いをあきらめなくていい」のがうれしい。

VOL 4 Clothes and Shoes

雨の日も女を
あきらめないでいいヒールたち

RULE 42

Clothes and Shoes

ツヤのある女になれる 肩ずるニットとオフショルワンピ

肩がずるんと落ちて鎖骨がちらりと見えるざっくりニットや、つんとした肩先とコツンと出た鎖骨を際立たせてくれるオフショルはわたしの定番アイテム。ちょっぴりだけ好きな鎖骨を見せることで、数あるコンプレックスの目くらましになってくれることが、このアイテムを溺愛するようになったきっかけ。デコルテを見せることで丸い顔をすっきり見せてくれることや、PC作業で凝り固まった首をすっと女らしく錯覚させてくれるのがうれしい。

このアイテムを着るときには、スクラブで肩やデコルテのなめらかさを強化。ネック&デコルテクリームでハリ、うるおいケア。

実力以上に見えるようボディミルクやボディクリームに、パール入りのブルーやピンクの下地を混ぜて塗ることもある。うるんと見せてくれるクリームハイライトやボディグロウを骨が出ている部分を中心に全体に広げると、うっとりするような骨格とつややかな肌が手に入る。

好きな部分を盛り上げてくれるものたちは、自分を楽しむための必須アイテム。

RULE

43

Clothes and Shoes

自分の鮮度をはね上げる服

服や小物はできる限り流行りのない上質なものを選びたい。

でもそれだけだと、気分が上がりきらず、ちょっぴりつまらなくなってしまうことも多い。

そんなときに頼りにしているのが、ファストファッションのアイテム。

「今」の空気が存分に流れていて、「今」しか着ることができなくても、納得がいく価格。そしてちゃんと可愛くてチープに見えにくい。

ベーシックなものに、1点でも「今」のアイテムが入ることで、全身の鮮度がぽんっとはね上がる。

量産しているぶん、かぶりも多いので、一目でわかる柄ものなどは控えて選ぶこと、そしてハイブランドのものと混ぜてスタイリングするのがわたしのルール。

メイクと同じで、流行りものだけでかためてもダサくなる。

かといってベーシックすぎてもつまらない。

永遠のものにひとさじふたさじくらいの「今」を投入する。それが、いいものを見極める感覚と感度の高さを兼ね備えた女になれる、ちょうどいいバランス。

RULE 44

Clothes and Shoes

「知りたい」をそそる透けワンピ

「透け」が持つ策略的な色気に惹かれる。

一見控えめに見えて、実は強力。うっすらと隠すことで生まれる独特な色気を使いこなせる女でいたい。

とろみのあるシルクのブラウスの透け感。

レースからのぞく肌色。

ダイレクトに見せる肌とはまったく違う、じわりと蒸気のように香る肌。

注意しているのは、下品に見えない素材とデザイン、そして分量。肌の存在感が高まる服ほど上質なものを選ばないと、とたんに下品な女になる。

色気は品があって成り立つということを忘れずにいたい。

パートナーとの食事やコスメブランドのパーティなど、一歩下がって男性に花を持たせたいとき、でしゃばることなく華やかな空気をまといたいときにはこの「透け」に頼ることが多い。

「盛り」と組み合わせるとケバケバしく品の洗練度も低下するので、透ける部分以外の露出は控えめにし、メイクやヘアもミニマムにするのがルール。

LACE DRESS

「透け感」が
甘さを中和する

清楚な「白」なのに透けている、その相反するあざとさがたまらなく好き。

RULE

45

Clothes and Shoes

強さを秘めた
やわらかな女になるファー

出会うごとに集めてしまうアイテムのひとつが、ふわふわととろけるような触れ心地が最強なファーやムートン。

まとったときのなんともいえないやわらかさと、瞬間にリッチな空気が沸き立つ、このアイテムの虜。

肌や髪のやわらかさも増し、存在感にまろみをだしてくれるのも心奪われる理由。

このアイテムの持つふわふわと甘い感触や空気は、加糖ぎみのものと合わせると甘ったるくなってしまう。もともと丸く甘めのパーツでできているわたしの場合は、なおさら。だから、できるかぎりシンプルなものやかためのものと組み合わせるようにしている。

例えばシンプルな辛めドレスやTシャツとデニム、スウェットなどの脱力アイテムに合わせる。

スタッズや金具のバッグやかちっとしたフォルムの靴のかたさで、甘さを中和させる小物も投入する。相反するものを組み合わせることで、やわらかいファーはよりやわらかく、かたいものはよりかたく、凛々しさとやわらかさをかねそなえた女と印象づけることができる。

不在時にも持ち主の
女らしさを薫らせるファー

上質なアイテムこそ
力を抜いて着る

ファーはそれだけで華やか。シンプルな服にさりげなく羽織ったほうがこなれて見える。デニムやＴシャツに合わせるのも脱力感があって好き。小物使いは、ファーと上質な革小物と組み合わせることが多い。

RULE

46

Clothes and Shoes

仕立てのいい女になる白

大切な日に選ぶのは白い服。

息子たちの行事、重要な打ち合わせや撮影、記念日、そして心を休めたい日。

白の持つ、まっさらな清潔感、透明感、賢さ、やさしさ、色気。どの要素も女であるわたしを力強くアシストしてくれる。

そして、ウエディングドレスが白いのは女を生涯一美しく魅せてくれる色だから。

思い起こしてみると、パートナーと初めて会ったときも白い服を着ていたし、初めての食事も白い服を着ていた。

まっさらな気持ちになれるのも、すこしだけ自分に自信を持てるのも白い服の効能。

そして白をまとっていると、動きや言葉すべてが丁寧になる。

自分を特別にできる白い服は、これからも心強いパートナー。

辛めのものから解放感のあるもの、ちょっぴりだけ甘いものや色気のあるもの。

その瞬間の自分にぴったりときて、より美しく見せてくれる白を揃えていきたい。

服だけではなく、靴やアクセ、バッグやストール、小物の白の威力を楽しむのも好き。つねに、自分をキレイにしてくれる白との出会いにアンテナを張っている。

WHITE and WHITE

幼いころのようなまっさらな気持ちに戻りたいときはコットンの白ワンピ。余計なものが削ぎ落とされ、浄化される。

自分を癒したい日は白コットンのマキシワンピ

point !
ワンピの中で体が泳ぐやさしいサイズ感で

VOL 4 Clothes and Shoes

しゃんとしたい日の
潔い全身白

point !
腕まくりで
抜け感を出して

オンのときの白は、わたしに
とって答え合わせのようなもの。
白を１日きれいに着られた日は、
丁寧に過ごせた日。

RULE — 47 — Clothes and Shoes

媚びを削ぐライダース

甘い作りのわたしに、凜とした空気を注入してくれるなくてはならないアイテム。ライダースジャケットは母が好んで着ていたこともあり、小学生の頃からクローゼットに並んでいた。

しとっとカラダに馴染むやわらかいラムのブラックが基本。よりまろやかに見えるキャメルや独特の深みと軽さがまじり合うグレー、女特有の潔さを感じるホワイトもそろえている。

今年は女らしい細身ラインが美しいものをパートナーとお揃いで購入。オーバーサイズのムートンのライダースもまたちがう味が出てお気に入りの1着。

RULE 48 Clothes and Shoes

女下着と機能下着を持つ

揃えているランジェリーは3種類。

ひとつは、ラインが響かず服をキレイに着ることができるよう、機能性を重視したもの。撮影のときにはベージュのストラップレスのブラとプレーンなショーツで出かける。

もうひとつは女心をときには盛り上げ、ときには思い出させてくれるジュエリーのようなランジェリー。レースやシフォン、シルクの、触れ心地からも見た目からも女としての自覚と喜びがじわじわとしみこんでくるもの。

3つめはベッドランジェリー。眠っている間も美しくいることができるよう、締めつけゼロ、でもうっとりするようなものをまとうことを大切にしている。

RULE 49 Clothes and Shoes

顔に落ちる「影」が美人に見せる

女を魅惑的に見せるもの。そのひとつが「影」。

「はっきり見えきらないもの」は読み解きたいという本能と、そのもの自体の深みを増してくれる。

あっけらかんとしたヘルシーすぎる女より、秘め隠すものをちらりと感じさせる女のほうが断然そそるし色っぽい。

影は上手に使うことで、確実に女に色気を与えてくれる。

例えば、まぶたにまとうシャドウは、まぶたに影をつくり、眼差しを深くしてくれる。顔に落ちる髪は顔の輪郭をカモフラージュしながら顔を小さく、ひとつひとつのパーツをセンシュアルに、謎めいたにおいを沸き立たせてくれる。

帽子もその影をくれるアイテムのひとつ。

顔全体に影を落としてくれる帽子は、ゆるっと薄暗い間接照明で見るのと同じ効果があり、パーツも、顔そのものも実際より美しく見せてくれる。

加えてシェード効果で顔を小さく見せるから全身のバランスまで磨かれる。

なんでもないシンプルな服に帽子を加えるだけで、洗練やこなれ感、レディな雰囲気を瞬間で手に入れることができるのも帽子の威力。

HAT

帽子、髪、まつ毛で顔に陰影をつけると
憂いが生まれる

帽子は顔に影を落とすために、そして甘さを調整するためにかぶる。Borsalinoの帽子は黒も色違いでそろえているお気に入り。

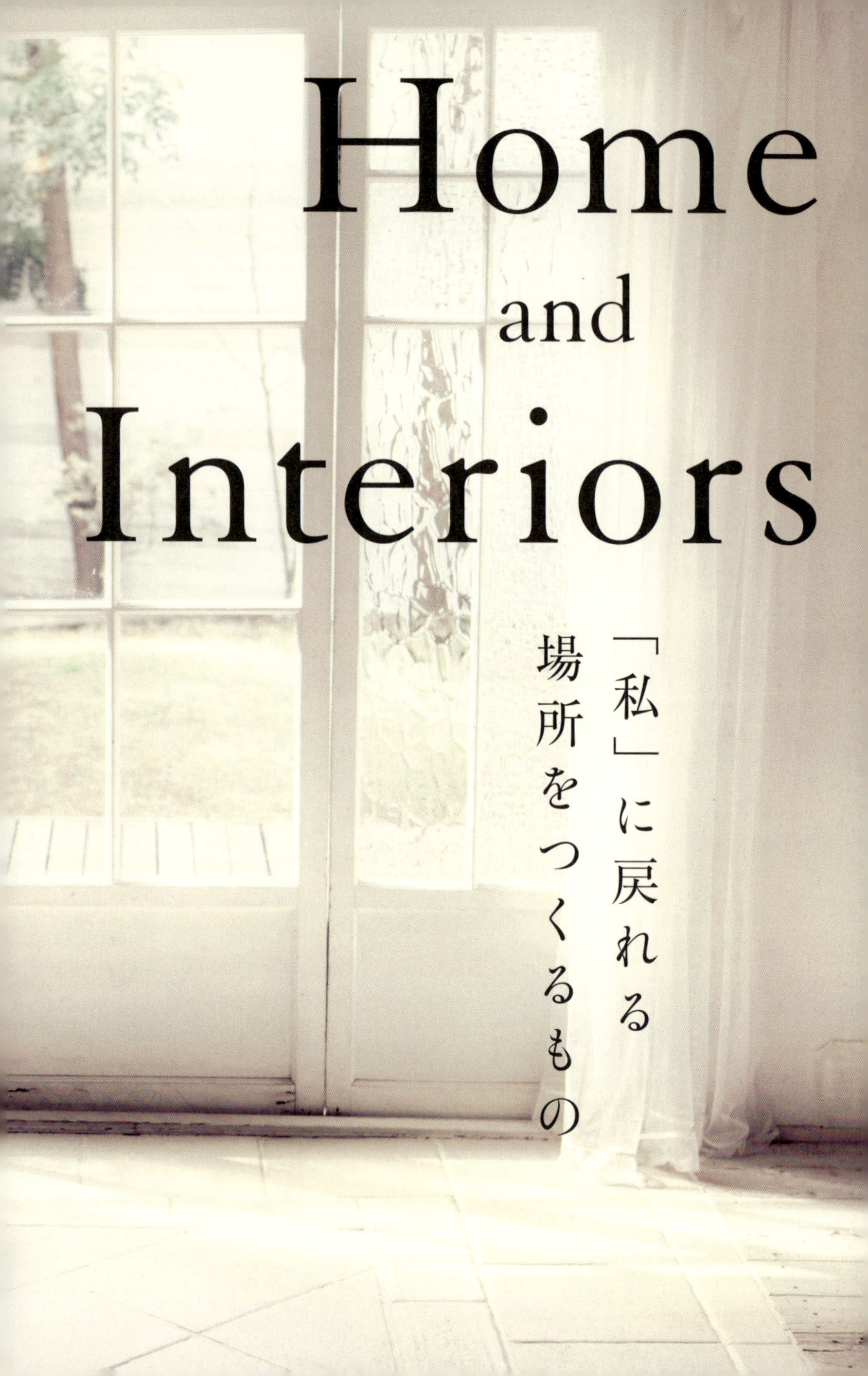

Home and Interiors

「私」に戻れる
場所をつくるもの

VOL 5

世界一やさしくて幸せな場所

なにげない瞬間がとてつもなく幸せなのは、ここがあるから。どんなときも恋しくなる大切なものが詰まった場所。

真ん中の息子とちびちゃんたち。やさしい時間に心底癒される。

お兄ちゃんとおチビちゃん。大きくても小さくても可愛すぎる息子。

メンズTシャツで脱力。

MYLANの白コットン。まっさらな気持ちに戻れる。

VOL 5 Home and Interiors

包容力のあるガウンで、イガイガトゲトゲをなだめる。

これ以上のものはない「家族時間」。

「なにげにオソロイ」の楽しみ。

毎日ふわとろのUGGの毛布にhugされる。

リボンをほどく瞬間のドキドキ。

息子たちには、たくさんの世界を見せてあげたい。

RULE 50

Home and Interiors

姫に戻れる椅子を持つ

小さなころは素直に自分を特別だと思えた。ティアラをつけたお姫様の自分の絵を描けたし、大きくなった自分は疑いもなく「幸せになれる」と思っていた。

でも物心ついたころから、「なんでわたしはあの子みたいじゃないんだろう」と人と自分を比べて悲しくなったり、上手くいききらない仕事や人間関係に、不安になることがどんどん増えていく。

思い描いていた自分と、今の自分のギャップの扱いに悩まされる毎日。

そんな揺らいだキモチの立て直しに用意しているのが、ちょっぴり素敵な椅子。

座るだけでお尻や腰からじわじわとほぐされるような座り心地で、座った瞬間に思わず声が出てしまうくらいやわらかくて、「自分は特別かも」と思えるようなフォトジェニックな椅子。

この一脚が面白いくらいに「わたしなんて」のキモチを癒してくれる。

椅子やソファは戦って疲れた自分を包み癒してくれるパートナー的存在。

大人になると頑張っているのはあたりまえ。そうそう褒めてもらえない。だからこそよしよしと頭をなでてくれるように心地よく、あなたは特別な女の子、と言ってくれる姫になれる椅子が欲しい。

座るだけで"特別な女"になれる椅子

わたしらしい色の椅子はASPLUNDのもの。メイクをするときはこの椅子に座って、女心を盛り上げる。

RULE 51

Home and Interiors

ルーム
フレグランスは
女の巣づくり

家のにおいは女にとって「自分が自分でいるため」に無視できない重要な要素。

以前ある仕事で、精神科医の方と対談をしたときのこと。新しい家がなぜか心がざわつくことを話すと、「家は女にとっての巣。巣を守ろうとする本能があるから、家は最大限に落ち着くように整えるべき」と激しく納得する答えが返ってきた。とくににおいは感覚に直結するので重要なものだという。

確かに、その頃の我が家はわたしのにおいも色も質感もなく、他人の家のようだった。早速ルームフレグランスを選び、自宅に置くと気持ちが楽になった。自分が自分に戻れる家だからこそ、最強の巣作りをしたい。

VOL 5 Home and Interiors

1 毒と色気を含んだ香り

一度この香りに触れたら忘れられない。ROSSO NOBILE バンブースティック〈ブラック〉10本付（250ml）¥12,000／ドットール・ヴラニエス ジャパン

2 パートナーが選んでくれた特別な香り

「恵の香り」と選んでくれた特別な香りはドレッサーに。LINARI ルームディフューザー ルビーノ（500ml）¥15,000／LINARI

3 甘い夢を見たいときに

ちょっと甘めの香りのキャンドルはベッドルームで寝る前に。BYREDO LOOSE LIPS ¥8,400／エドストローム オフィス

4 どこかノスタルジックな香り

優しい香りは原稿を書くときに。BYREDO COTTON POPLIN ¥8,400／エドストローム オフィス

RULE

52

Home and Interiors

女を忘れない
ルームウエアを選ぶ

ランジェリーや、ポーチの中、アイシャドウパレットやチップやスポンジ。「見えない部分」や「表に出ていない部分」がだらしない、汚い女は、自分を特別だと思えない。

わたしも忙しさに流されて、だらしない自分を見てしまうときがある。

そんなときはいくらきれいにメイクをしていても、髪がちゅるんとしていても、美人見えする服を着ていても、自分に自信が持てないし、美しいと褒めてあげられない。

反対に、うっとりするようなお気に入りのランジェリーをつけているだけで、なんでもないシンプルなデニムにニットでも、上質な自分になれたような気がして、気持ちも立ち居振る舞いもすべてが心地よく美しくなれる。

表に出ていないものは自分に深く作用する。

その中でも毎日着る時間の多いルームウエアは、わたしの意識にとても大きく関わっている。

例えばなにも考えずただ着てしまったルームウエア。そんなときは気分がくすむのはもちろん、ふと鏡を見るたびに使い古した感がにじむ自分にがっかりする。わたしなんて、しょせんこれくらいの女、とイガイガした気持ちになるときが何度もある。

自分への期待やちょっとした気分の高揚が自分をキレイにしてくれる。

だから、だれにも見られないからなんでもいい、ではなく、自分が見ているからこそ、気持ちと気分にぴったりくる「ちょっぴり特別」に思えるようなものを着る。


いくつかのルームウエアやナイトガウンを揃えてある。

女っぽさを増したいときはレースが美しいものやシルクのキャミやドレス。それにざっくりのニットやロングカーデを重ねる。

脱力したいときには、パートナーのTシャツにショートパンツを合わせてゆるく。

肌をなめらかにしたいときはとろんと心地いいシルクを選ぶ。

心が疲れたときはコットンのナイトガウンをさらんと羽織る。

裏方アイテムを美しくすると、不思議なくらい自分への愛が深まるのが面白い。

VOL 5 Home and Interiors

何を着るかが
女をつくる

Message

おわりに

「世界観」。女が持つべきは、みんなが感嘆する美しさでもすべてが手に入る財力でもなく、これだと思う。例えば、何度見ても心奪われるラデュレのマカロン。それだけで十分可愛いけれど、まわりはうっとりするような色や触れ心地のリボンやボックス、ペーパーで取り囲まれている。

そのあれこれがマカロンの可愛さ、可憐さ、美味しさ、美しさを引き上げ特別な存在感を生んでいる気がする。その世界に触れるたび、「女性もこのマカロンと同じだな」と思う。

自分を取り囲むひとつひとつがもれることなく自分をつくっていること。そしてそのすべてが自分を特別にするものであるべきだということ。

女として生きていると、ことあるごとにいろいろな雑音にかき乱され、「わたしなんてどうせ」と思ってしまいがち。でも本当はひとりひとり、すべての女性が特別な存在。

せっかくの自分をどう美しく、どう楽しく、どう面白くしていくか。

それに必要なのはたったいくつかの選択と組み立て。

自分をもっと好きになりたい。自分をもっと楽しみたい。自分にもっと自信を持ちたい。少しでもそのキッカケになることができたら、嬉しいです。

一度しかない大切な〝自分〟を思いっきり謳歌してほしい。そんな思いを込めて。

最後に、この本の制作に愛を注いでくださった菊地さん、金谷さん、津村さん、川崎さん。矢部さん、柿本さん、藤野さん。谷口さん、阪口さん、川岸さん、中沢さん、なおちゃん。心よりありがとうございます。

そしてどんなときも信じ支えてくれる両親と、世界一愛おしい息子たちと主人に愛を込めて。

SHOP LIST

アーカー 神南本店	03-3463-0222
RMK	0120-988-271
アチエ・デ・コンプレックスビズ表参道店	0120-867-775
アディクション	0120-586-683
アルビオン	0120-114-225
アルファネット	03-6427-8177
e.m.表参道店	03-5785-0760
井田ラボラトリーズ	0120-44-1184
イプサ	0120-523-543
イヴ・サンローラン・ボーテ	03-6911-8563
エスティ ローダー	03-5251-3386
エッフェオーガニック	03-5774-5565
エトヴォス	0120-0477-80
エドストローム オフィス	03-6427-5901
エンビロン（プロティア・ジャパン）	0120-085-048
オズ・インターナショナル	0570-00-2648

カネボウ化粧品	0120-518-520
クレイツ	0120-25-9012
クラランス	03-3470-8545
ケラスターゼ	03-6911-8333
ゲラン	0120-140-677
コーセー	0120-526-311
コレットマルーフ	03-3499-0077

サンタ・マリア・ノヴェッラ銀座	03-3572-2694
参天製薬	0120-127-023
サンルイ・インターナッショナル	0120-550-626
SHIGETA Japan	0120-945-995
資生堂	0120-30-4710
シャネル	0120-525-519
ジルスチュアート ビューティ	0120-878-652
JO MALONE LONDON	03-5251-4770
スック	0120-988-761
THREE	0120-898-003
ズットホリック	03-6427-6428

ディー・アップ	03-3479-8031
ティースクエアプレスルーム	03-5770-7068
ドゥ・ラ・メール	03-5251-4770
ドットール・ヴェラニエス ジャパン	03-6427-0350
トム フォード ビューティ	03-5251-3541
Dress Up everyday e.m.渋谷店	03-3477-4258

ハホニコ　ハッピーライフ	0120-802-511
パルファン・クリスチャン・ディオール	03-3239-0618
PEACH JOHN	0120-066-107
ピューリティ	03-5772-2284
ブランエトワール	03-6427-1354
フランス ラックス	0120-370-930
フローフシ	03-3584-2624
ベアミネラル	0120-242-273
ヘレナ ルビンスタイン	03-6911-8287
ポーラ	0120-117-111

マックス ファクター	0120-021-325
メイベリン ニューヨーク	03-6911-8585
モロッカンオイル ジャパン	0120-440-237

LOVE WEDDING by DRESS HOLIC	03-6842-5777
ラ ロッシュ ポゼ	03-6911-8572
ランコム	03-6911-8151
LINARI	03-6447-4980
リュミエリーナ	0120-710-971
ローラ メルシエ	0120-343-432

撮影協力／イストワール、ヴィータ ショールーム、ヴェルニカ ルーム、ケイトスペード ジャパン、KOKORO、プリズム、ミックステープ

※商品情報は2016年1月現在のものです。
※クレジット掲載のないものは、
著者私物で現在は入手できないものもあります。

STAFF

写真	金谷章平
	カバー、P2~11、18~19、40~43、53、62~63、74~75、85(人物)、
	99、112~113、144 ～ 145、156~157、172 ～ 173、177、203 ～ 205
	菊地泰久
	P32~37、46~47、56~59、66~73、98、150~151、160~163、
	176、180 ～ 181、186 ～ 189、194 ～ 195、201
	魚地武大
	P24~27、52、80~81、91、95、103、108 、119、138、140、165、197
ブックデザイン	矢部あずさ（bitter design）
ヘア	津村佳奈（Un ami）
スタイリング	川﨑加織
	P46~47、52、56 ～ 59、66 ～ 73、91、95、98、103、108、119、138、
	140、150 ～ 151、160 ～ 163、180 ～ 181、186 ～ 189、194 ～ 195、197、201
制作協力	印田事務所
	柿本裕子
マネジメント	川岸一超（株式会社ケイダッシュ）
	中沢ゆい（株式会社パールダッシュ）
エグゼクティブプロデューサー	谷口元一（株式会社ケイダッシュ）

〔著者紹介〕
神崎　恵（かんざき　めぐみ）
1975年生まれ。mnuit主宰。ビューティライフスタイリストであり、15歳と11歳と0歳の息子を持つ母。
アイブロウ/アイラッシュデザインのディプロマ取得。
ブライダルプロデューサーとしての知識も活用し、何気ない日常から特別な瞬間まであらゆる場面での女性の美しさを叶える応援をしている。
ひとりひとりに合わせたメイクやライフスタイルを提案するアトリエ「mnuit」を主宰しながら、雑誌「MAQUIA」「美的」「VOCE」など美容誌を中心に活躍し、書籍の執筆を手がけるとともに、女の子のかわいさを盛り上げるアイテムのプロデュースも行っている。
著書に『思わず二度見される美人になれる』『会うたびに、「あれっ、また可愛くなった？」と言わせる』（いずれもKADOKAWA）『神崎恵のPrivate Beauty』（大和書房）などがある。

大人なのに可愛い理由　（検印省略）

2016年2月2日　第1刷発行
2016年2月18日　第2刷発行

著　者　神崎　恵（かんざき　めぐみ）
発行者　川金　正法

発　行　株式会社KADOKAWA
〒102-8177　東京都千代田区富士見2-13-3
0570-002-301（カスタマーサポート・ナビダイヤル）
受付時間 9:00～17:00（土日 祝日 年末年始を除く）
http://www.kadokawa.co.jp/

落丁・乱丁本はご面倒でも、下記KADOKAWA読者係にお送りください。

送料は小社負担でお取り替えいたします。

古書店で購入したものについては、お取り替えできません。

電話049-259-1100（9：00～17：00／土日、祝日、年末年始を除く）

〒354-0041　埼玉県入間郡三芳町藤久保550-1

DTP／フォレスト　印刷・製本／大日本印刷

ISBN978-4-04-600956-2　C2076